Unterwegs mit Franz Kafka

Herausgegeben von
Sascha Michel

Fischer Taschenbuch Verlag

Originalausgabe

Veröffentlicht im Fischer Taschenbuch Verlag,
einem Unternehmen der S. Fischer Verlag GmbH,
Frankfurt am Main, Mai 2010

Für diese Ausgabe:

Satz: MedienTeam Berger, Ellwangen
Druck und Bindung: CPI – Clausen & Bosse, Leck
Printed in Germany
ISBN 978-3-596-90270-5

Unsere Adressen im Internet:
www.fischerverlage.de
www.fischer-klassik.de

Inhalt

»Reisender werden« Vom Reisen und Unterwegssein

»Ich sprang durch die Gassen wie ein betrunkener Läufer« Unterwegs in Prag

»Wenn einer durch die Welt fliegt mit Siebenmeilenstiefeln« Erste Reisen (1902–1908)

»... mit uns aber geht es endgültig tiefer in die Campagna«
Reisen in die Schweiz und nach Italien (1909–1911)

Exkurs: Reise-Literatur

Die »Ruhe des Blickes«
Die Friedland-Reise (Januar/Februar 1911)

»Die straffe Fahrt der Automobile«
Kafka in Paris (September 1911)

»Trauriger an tote Großväter erinnernder Anblick«
Auf Goethes und Schillers Spuren: Weimar (Juni/Juli 1912)

»Keine Karte von Berlin aufzutreiben«
Berliner Umzugspläne (1914/1923)

»Reisender werden«

Vom Reisen und Unterwegssein

»Weg-von-hier«

Ich befahl mein Pferd aus dem Stall zu holen. Der Diener verstand mich nicht. Ich gieng selbst in den Stall, sattelte mein Pferd und bestieg es. In der Ferne hörte ich eine Trompete blasen, ich fragte ihn, was das bedeute. Er wußte nichts und hatte nichts gehört. Beim Tore hielt er mich auf und fragte: »Wohin reitest Du, Herr?« »Ich weiß es nicht«, sagte ich, »nur weg von hier, nur weg von hier. Immerfort weg von hier, nur so kann ich mein Ziel erreichen.« »Du kennst also Dein Ziel?« fragte er. »Ja«, antwortete ich, »ich sagte es doch, ›Weg-von-hier‹, das ist mein Ziel.« »Du hast keinen Eßvorrat mit«, sagte er. »Ich brauche keinen«, sagte ich, »die Reise ist so lang, daß ich verhungern muß, wenn ich auf dem Weg nichts bekomme. Kein Eßvorrat kann mich retten. Es ist ja zum Glück eine wahrhaft ungeheuere Reise.«

»Reisebeobachtungen«

29. IX 11 […] Reisebeobachtungen Goethes anders als die heutigen, weil sie aus einer Postkutsche gemacht mit den langsamen Veränderungen des Geländes sich einfacher entwickeln und viel leichter selbst von demjenigen verfolgt werden können, der jene Gegenden nicht kennt. Ein ruhiges förmlich landschaftliches Denken tritt ein. Da die Gegend unbeschädigt in ihrem eingeborenen Charakter dem Insassen des Wagens sich darbietet und auch die Landstraßen das Land viel natürlicher schneiden als die Eisenbahnstrecken, zu denen sie vielleicht im gleichen Verhältnisse stehn wie Flüsse zu Kanälen, so braucht es auch beim Beschauer keine Gewalttätigkeiten und er kann ohne große Mühe systematisch sehn. Augenblicksbeobachtungen gibt es daher wenige, meist nur in Innenräumen wo bestimmte Menschen gleich grenzenlos einem vor den Augen aufbrausen z. B. österreichische Officiere in Heidelberg, dagegen ist die Stelle von den Männern in Wiesenheim der Landschaft näher »sie tragen blaue Röcke und mit gewirkten Blumen verzierte weiße Westen« (nach dem Gedächtnis citiert).

»Reisender werden«

In einem Eisenbahnzug sitzen, es vergessen, leben wie zuhause, plötzlich sich erinnern, die fortreißende Kraft des Zuges fühlen, Reisender werden, die Mütze aus dem Koffer ziehn, den Mitreisenden freier, herzlicher, dringender begegnen, dem Ziel ohne Verdienst entgegengetragen werden, kindlich dies fühlen, ein Liebling der Frauen werden, unter der fortwährenden Anziehungskraft des Fensters stehn, immer zumindest eine ausgestreckte Hand am Fensterbrett liegen lassen. Schärfer zugeschnittene Situation: Vergessen daß man vergessen hat, mit einem Schlage ein im Blitzzug allein reisendes Kind werden, um das sich der vor Eile zitternde Waggon anstaunenswert im Allergeringsten aufbaut wie aus der Hand eines Taschenspielers.

Der Ausflug ins Gebirge

»Ich weiß nicht«, rief ich ohne Klang, »ich weiß ja nicht. Wenn niemand kommt, dann kommt eben niemand. Ich habe niemandem etwas Böses getan, niemand hat mir etwas Böses getan, niemand aber will mir helfen. Lauter niemand. Aber so ist es doch nicht. Nur daß mir niemand hilft –, sonst wäre lauter niemand hübsch. Ich würde ganz gern – warum denn nicht – einen Ausflug mit einer Gesellschaft von lauter Niemand machen. Natürlich ins Gebirge, wohin denn sonst? Wie sich diese Niemand aneinander drängen, diese vielen quer gestreckten und eingehängten Arme, diese vielen Füße, durch winzige Schritte getrennt! Versteht sich, daß alle in Frack sind. Wir gehen so lala, der Wind fährt durch die Lücken, die wir und unsere Gliedmaßen offen lassen. Die Hälse werden im Gebirge frei! Es ist ein Wunder, daß wir nicht singen.«

Die Reise

Die Reise, ich weiß es nicht

Sie schläft. Ich wecke sie nicht. Warum weckst Du sie nicht? Es ist mein Unglück und mein Glück. Ich bin unglücklich, daß ich sie nicht wecken kann, daß ich nicht aufsetzen kann den Fuß auf die brennende Türschwelle ihres Hauses, daß ich nicht den Weg kenne zu ihrem Hause, daß ich nicht die Richtung kenne in welcher der Weg liegt, daß ich mich immer weiter von ihr entferne, kraftlos wie das Blatt im Herbstwind sich von seinem Baume entfernt und überdies: ich war niemals an diesem Baume, im Herbstwind ein Blatt, aber von keinem Baum. Ich bin glücklich, daß ich sie nicht wecken kann. Was täte ich wenn sie sich erhöbe, wenn sie aufstehen würde von ihrem Lager, wenn ich aufstehen würde von dem Lager, der Löwe von seinem Lager und mein Gebrüll einbrechen würde in mein ängstliches Gehör

---

Ich fragte einen Wanderer den ich auf der Landstraße traf ob hinter den sieben Meeren, die sieben Wüsten wären und hinter ihnen die sieben Berge, auf dem siebenten Berge das Schloß und o

---

Das Klettern Senait Es war ein Eichhörnchen, es war ein Eichhörnchen, eine wilde Nuß-Aufknackerin, Springerin, Kletterin und ihr buschiger Schwanz war berühmt in den Wäldern. Dieses Eichhörnchen, dieses Eichhörnchen war immer auf der Reise, immer auf der Suche, es konnte nichts darüber sagen, nicht weil ihm die Rede fehlte, aber es hatte nicht die allergeringste Zeit.

Jäger Gracchus

Zwei Knaben saßen auf der Quaimauer und spielten Würfel. Ein Mann las eine Zeitung auf den Stufen eines Denkmals im Schatten des säbelschwingenden Helden. Ein Mädchen am Brunnen füllte Wasser in ihre Bütte. Ein Obstverkäufer lag neben seiner Ware und blickte auf den See hinaus. In der Tiefe einer Kneipe sah man durch die leeren Tür- und Fensterlöcher zwei Männer beim Wein. Der Wirt saß vorn auf einem Tisch und schlummerte. Eine Barke schwebte leise als werde sie über dem Wasser getragen in den kleinen Hafen. Ein Mann in blauem Kittel stieg ans Land und zog die Seile durch die Ringe. Zwei andere Männer in dunklen Röcken mit Silberknöpfen trugen hinter dem Bootsmann eine Bahre auf der unter einem großen blumengemusterten gefransten Seidentuch offenbar ein Mensch lag. Auf dem Quai kümmerte sich niemand um die Ankömmlinge, selbst als sie die Bahre niederstellten um auf den Bootsführer zu warten, der noch an den Seilen arbeitete, trat niemand heran, niemand richtete eine Frage an sie, niemand sah sie genauer an. Der Führer wurde noch ein wenig aufgehalten durch eine Frau, die ein Kind an der Brust mit aufgelösten Haaren sich jetzt auf Deck zeigte. Dann kam er, wies auf ein gelbliches zweistöckiges Haus, das sich links nahe beim Wasser geradlinig erhob, die Träger nahmen die Last auf und trugen sie durch das niedrige aber von schlanken Säulen gebildete Tor. Ein kleiner Junge öffnete ein Fenster, bemerkte noch gerade wie der Trupp im Haus verschwand und schloß das Fenster wieder eilig. Auch das Tor wurde nun geschlossen, es war aus schwerem Eichenholz sorgfältig gefügt. Ein Taubenschwarm der bisher den Glockenturm umflogen hatte, ließ sich jetzt auf dem Platz vor vor dem Hause nieder. Als werde im Hause ihre Nahrung aufbewahrt, sammelten sich die Tauben vor dem Tor. Eine flog bis zum ersten Stock auf und pickte an die Fensterscheibe. Es waren hellfarbige, wohlgepflegte lebhafte Tiere. In großem Schwung warf ihnen die Frau aus der Barke Körner hin, sie sammelten sie auf und flogen dann zur Frau hinüber. Ein alter Mann in Cylinderhut mit Trauerband kam eine der schmalen stark abfallenden Gäßchen, die zum Hafen führten herab. Er blickte aufmerksam umher, alles bekümmerte ihn, der Anblick von Unrat in einem Winkel ließ ihn das Gesicht verzerren, auf den Stufen des Denkmals lagen Obstschalen, er schob sie im Vorübergehn mit seinem Stock hinunter. An der Säulentür klopfte er an, gleichzeitig nahm er den Cylinderhut in seine schwarz behandschuhte Rechte. Gleich wurde geöffnet, wohl fünfzig kleine Knaben bildeten ein Spalier im langen Flurgang und verbeugten sich. Der Bootsführer kam die Treppe herab, begrüßte den Herrn, führte ihn hinauf, im ersten Stockwerk umgieng er mit ihm den von leicht gebauten Loggien umgebenen Hof und beide traten, während die Knaben in respektvoller Entfernung nachdrängten in einen kühlen großen Raum an der Hinterseite des Hauses, dem gegenüber kein Haus mehr, sondern nur eine kahle grauschwarze Felsenwand zu sehen war. Die Träger waren damit beschäftigt zu Häupten der Bahre einige lange Kerzen aufzustellen und anzuzünden; aber Licht entstand dadurch nicht, es wurden förmlich nur die früher ruhenden Schatten aufgescheucht und flackerten über die Wände. Von der Bahre war das Tuch zurückgeschlagen. Es lag dort ein Mann mit wild durcheinandergewachsenem Haar und Bart, gebräunter Haut, etwa einem Jäger gleichend. Er lag bewegungslos, scheinbar atemlos, mit geschlossenen Augen da, trotzdem deutete nur die Umgebung an, daß es vielleicht ein Toter war.

Der Herr trat zur Bahre, legte eine Hand dem Daliegenden auf die Stirn, kniete dann nieder und betete. Der Bootsführer winkte den Trägern, das Zimmer zu verlassen, sie giengen hinaus, vertrieben die Knaben, die sich draußen angesammelt hatten und schlossen die Tür. Dem Herrn schien aber auch diese Stille noch nicht zu genügen, er sah den Bootsführer an, dieser verstand und gieng durch eine Seitentür ins Nebenzimmer. Sofort schlug der Mann auf der Bahre die Augen auf, wandte schmerzlich lächelnd das Gesicht dem Herrn zu und sagte: »Wer bist Du?« Der Herr erhob sich ohne sichtbares Staunen aus seiner knieenden Stellung und antwortete: »Der Bürgermeister von Riva.« Der Mann auf der Bahre nickte, zeigte mit schwach ausgestrecktem Arm auf einen Sessel und sagte, nachdem der Bürgermeister seiner Einladung gefolgt war: »Ich wußte es ja Herr Bürgermeister, aber im ersten Augenblick habe ich immer alles vergessen, alles geht mir in der Runde und es ist besser ich frage, auch wenn ich alles weiß. Auch Sie wissen wahrscheinlich, daß ich der Jäger Gracchus bin.« »Gewiß«, sagte der Bürgermeister, »Sie wurden mir heute in der Nacht angekündigt. Wir schliefen längst. Da rief gegen Mitternacht meine Frau: ›Salvatore‹ – so heiße ich – ›sieh die Taube im Fenster.‹ Es war wirklich eine Taube, aber groß wie ein Hahn. Sie flog zu meinem Ohr und sagte: ›Morgen kommt der tote Jäger Gracchus, empfange ihn im Namen der Stadt.‹« Der Jäger nickte und zog die Zungenspitze zwischen den Lippen durch: »Ja die Tauben fliegen vor mir her. Glauben Sie aber Herr Bürgermeister daß ich in Riva bleiben soll?« »Das kann ich noch nicht sagen«, antwortete der Bürgermeister. »Sind Sie tot?« »Ja«, sagte der Jäger, »wie Sie sehn. Vor vielen Jahren, es müssen aber schon ungemein viel Jahre sein, stürzte ich im Schwarzwald, das ist in Deutschland, von einem Felsen, als ich eine Gemse verfolgte. Seitdem bin ich tot.« »Aber Sie leben doch auch?« sagte der Bürgermeister. »Gewissermaßen«, sagte der Jäger, »gewissermaßen lebe ich auch. Mein Todeskahn verfehlte die Fahrt, eine falsche Drehung des Steuers, ein Augenblick der Unaufmerksamkeit des Führers, eine Ablenkung durch meine wunderschöne Heimat, ich weiß nicht was es war, nur das weiß ich, daß ich auf der Erde blieb und daß mein Kahn seither die irdischen Gewässer befährt. So reise ich, der nur in seinen Bergen leben wollte, nach meinem Tode durch alle Länder der Erde.« »Und Sie haben keinen Teil am Jenseits?« fragte der Bürgermeister mit gerunzelter Stirne. »Ich bin«, antwortete der Jäger, »immer auf der großen Treppe die hinaufführt. Auf dieser unendlich weiten Freitreppe treibe ich mich herum, bald oben bald unten, bald rechts bald links, immer in Bewegung. Nehme ich aber den größten Aufschwung und leuchtet mir schon oben das Tor, erwache ich auf meinem alten in irgendeinem irdischen Gewässer öde steckenden Kahn. Der Grundfehler meines einstmaligen Sterbens umgrinst mich in meiner Kajüte, Julia die Frau des Bootsführers klopft und bringt mir zu meiner Bahre das Morgengetränk des Landes, dessen Küste wir gerade befahren.« »Ein schlimmes Schicksal«, sagte der Bürgermeister mit abwehrend erhobener Hand. »Und Sie tragen gar keine Schuld daran?« »Keine«, sagte der Jäger, »ich war Jäger, ist das etwa eine Schuld? Aufgestellt war ich als Jäger im Schwarzwald, wo es damals noch Wölfe gab. Ich lauerte auf, schoß, traf, zog das Fell ab, ist das eine Schuld? Meine Arbeit wurde gesegnet. Der große Jäger vom Schwarzwald hieß ich. Ist das eine Schuld?« »Ich bin nicht berufen, das zu entscheiden«, sagte der Bürgermeister, »doch scheint auch mir keine Schuld darin zu liegen. Aber wer trägt dann die Schuld?« »Der Bootsmann«, sagte der Jäger

Nun sah er oben das Schloß deutlich umrissen in der klaren Luft und noch verdeutlicht durch den alle Formen nachbildenden, in dünner Schicht überall liegenden Schnee. Übrigens schien oben auf dem Berg viel weniger Schnee zu sein als hier im Dorf, wo sich K. nicht weniger mühsam vorwärtsbrachte als gestern auf der Landstraße. Hier reichte der Schnee bis zu den Fenstern der Hütten und lastete gleich wieder auf dem niedrigen Dach, aber oben auf dem Berg ragte alles frei und leicht empor, wenigstens schien es so von hier aus.

Im Ganzen entsprach das Schloß, wie es sich hier von der Ferne zeigte, K.'s Erwartungen. Es war weder eine alte Ritterburg, noch ein neuer Prunkbau, sondern eine ausgedehnte Anlage, die aus wenigen zweistöckigen, aber aus vielen eng aneinanderstehenden niedrigern Bauten bestand; hätte man nicht gewußt daß es ein Schloß ist, hätte man es für ein Städtchen halten können. Nur einen Turm sah K., ob er zu einem Wohngebäude oder einer Kirche gehörte war nicht zu erkennen. Schwärme von Krähen umkreisten ihn.

Die Augen auf das Schloß gerichtet, gieng K. weiter, nichts sonst kümmerte ihn. Aber im Näherkommen enttäuschte ihn das Schloß, es war doch nur ein recht elendes Städtchen, aus Dorfhäusern zusammengetragen, ausgezeichnet nur dadurch, daß vielleicht alles aus Stein gebaut war, aber der Anstrich war längst abgefallen, und der Stein schien abzubröckeln. Flüchtig erinnerte sich K. an sein Heimatstädtchen, es stand diesem angeblichen Schlosse kaum nach, wäre es K. nur auf die Besichtigung angekommen, dann wäre es schade um die lange Wanderschaft gewesen und er hätte vernünftiger gehandelt, wieder einmal die alte Heimat zu besuchen, wo er schon so lange nicht gewesen war. Und er verglich in Gedanken den Kirchturm der Heimat mit dem Turm dort oben. Jener Turm, bestimmt, ohne Zögern, geradenwegs nach oben sich verjüngend, breitdachig abschließend mit roten Ziegeln, ein irdisches Gebäude – was können wir anderes bauen? – aber mit höherem Ziel als das niedrige Häusergemenge und mit klarerem Ausdruck als ihn der trübe Werktag hat. Der Turm hier oben – es war der einzige sichtbare –, der Turm eines Wohnhauses, wie sich jetzt zeigte, vielleicht des Hauptschlosses, war ein einförmiger Rundbau, zum Teil gnädig von Epheu verdeckt, mit kleinen Fenstern, die jetzt in der Sonne aufstrahlten – etwas Irrsinniges hatte das – und einem söllerartigen Abschluß, dessen Mauerzinnen unsicher, unregelmäßig, brüchig wie von ängstlicher oder nachlässiger Kinderhand gezeichnet sich in den blauen Himmel zackten. Es war wie wenn irgendein trübseliger Hausbewohner, der gerechter Weise im entlegensten Zimmer des Hauses sich hätte eingesperrt halten sollen, das Dach durchbrochen und sich erhoben hätte, um sich der Welt zu zeigen.

Wieder stand K. still, als hätte er im Stillestehn mehr Kraft des Urteils. Aber er wurde gestört. Hinter der Dorfkirche, bei der er stehen geblieben war – es war eigentlich nur eine Kapelle, scheunenartig erweitert um die Gemeinde aufnehmen zu können – war die Schule. Ein niedriges langes Gebäude, merkwürdig den Charakter des Provisorischen und des sehr Alten vereinigend, lag es hinter einem umgitterten Garten, der jetzt ein Schneefeld war. Eben kamen die Kinder mit dem Lehrer heraus. In einem dichten Haufen umgaben sie den Lehrer, aller Augen blickten auf ihn, unaufhörlich schwätzten sie von allen Seiten, K. verstand ihr schnelles Sprechen gar nicht. Der Lehrer, ein junger, kleiner, schmalschultriger Mensch, aber, ohne daß es lächerlich wurde, sehr aufrecht, hatte K. schon von der Ferne ins Auge gefaßt, allerdings war außer seiner Gruppe K. der einzige Mensch weit und breit. K. als Fremder grüßte zuerst, gar einen so befehlshaberischen kleinen Mann. »Guten Tag Herr Lehrer«, sagte er. Mit einem Schlag verstummten die Kinder, diese plötzliche Stille als Vorbereitung für seine Worte mochte wohl dem Lehrer gefallen. »Ihr sehet das Schloß an?« fragte er, sanftmütiger als K. erwartet hatte aber in einem Tone als billige er nicht das was K. tue. »Ja«, sagte K., »ich bin hier fremd, erst seit gestern abend im Ort.« »Das Schloß gefällt Euch nicht?« fragte der Lehrer schnell. »Wie?« fragte K. zurück, ein wenig verblüfft und wiederholte in milderer Form die Frage: »Ob mir das Schloß gefällt? Warum nehmet Ihr an, daß es mir nicht gefällt?« »Keinem Fremden gefällt es«, sagte der Lehrer. Um hier nichts Unwillkommenes zu sagen, wendete K. das Gespräch und fragte: »Sie kennen wohl den Grafen?« »Nein«, sagte der Lehrer und wollte sich abwenden, K. gab aber nicht nach und fragte nochmals: »Wie? Sie kennen den Grafen nicht?« »Wie sollte ich ihn kennen?« sagte der Lehrer leise und fügte laut auf französisch hinzu: »Nehmen Sie Rücksicht auf die Anwesenheit unschuldiger Kinder.« K. holte daraus das Recht zu fragen: »Könnte ich Sie Herr Lehrer einmal besuchen? Ich bleibe hier längere Zeit und fühle mich schon jetzt ein wenig verlassen, zu den Bauern gehöre ich nicht und ins Schloß wohl auch nicht.« »Zwischen den Bauern und dem Schloß ist kein Unterschied«, sagte der Lehrer. »Mag sein«, sagte K., »das ändert an meiner Lage nichts. Könnte ich Sie einmal besuchen?« »Ich wohne in der Schwanengasse beim Fleischhauer.« Das war nun zwar mehr eine Adressenangabe als eine Einladung, dennoch sagte K.: »Gut, ich werde kommen.« Der Lehrer nickte und zog mit dem gleich wieder losschreienden Kinderhaufen weiter. Sie verschwanden bald in einem jäh abfallenden Gäßchen.

K. aber war zerstreut, durch das Gespräch verärgert. Zum erstenmal seit seinem Kommen fühlte er wirkliche Müdigkeit. Der weite Weg hierher schien ihn ursprünglich gar nicht angegriffen zu haben – wie war er durch die Tage gewandert, ruhig Schritt für Schritt! – jetzt aber zeigten sich doch die Folgen der übergroßen Anstrengung, zur Unzeit freilich. Es zog ihn unwiderstehlich hin, neue Bekanntschaften zu suchen, aber jede neue Bekanntschaft verstärkte die Müdigkeit. Wenn er sich in seinem heutigen Zustand zwang, seinen Spaziergang wenigstens bis zum Eingang des Schlosses auszudehnen, war übergenug getan.

So ging er wieder vorwärts, aber es war ein langer Weg. Die Straße nämlich, diese Hauptstraße des Dorfes führte nicht zum

Schloßberg, sie führte nur nahe heran, dann aber wie absichtlich bog sie ab und wenn sie sich auch vom Schloß nicht entfernte, so kam sie ihm doch auch nicht näher. Immer erwartete K., daß nun endlich die Straße zum Schloß einlenken müsse, und nur weil er es erwartete ging er weiter; offenbar infolge seiner Müdigkeit zögerte er die Straße zu verlassen, auch staunte er über die Länge des Dorfes, das kein Ende nahm, immerwieder die kleinen Häuschen und vereiste Fensterscheiben und Schnee und Menschenleere – endlich riß er sich los von dieser festhaltenden Straße, ein schmales Gäßchen nahm ihn auf, noch tieferer Schnee, das Herausziehen der einsinkenden Füße war eine schwere Arbeit, Schweiß brach ihm aus, plötzlich stand er still und konnte nicht mehr weiter.

Nun, er war ja nicht verlassen, rechts und links standen Bauernhütten, er machte einen Schneeball und warf ihn gegen ein Fenster. Gleich öffnete sich die Tür – die erste sich öffnende Tür während des ganzen Dorfweges – und ein alter Bauer, in brauner Pelzjoppe, den Kopf seitwärts geneigt, freundlich und schwach stand dort. »Darf ich ein wenig zu Euch kommen«, sagte K., »ich bin sehr müde.« Er hörte gar nicht was der Alte sagte, dankbar nahm er es an, daß ihm ein Brett entgegengeschoben wurde, das ihn gleich aus dem Schnee rettete und mit paar Schritten stand er in der Stube.

Eine große Stube im Dämmerlicht. Der von draußen Kommende sah zuerst gar nichts. K. taumelte gegen einen Waschtrog, eine Frauenhand hielt ihn zurück. Aus einer Ecke kam viel Kindergeschrei. Aus einer andern Ecke wälzte sich Rauch und machte aus dem Halblicht Finsternis, K. stand wie in Wolken. »Er ist ja betrunken«, sagte jemand. »Wer seid Ihr?« rief eine herrische Stimme und wohl zu dem Alten gewendet: »Warum hast Du ihn hereingelassen? Kann man alles hereinlassen, was auf den Gassen herumschleicht?« »Ich bin der gräfliche Landvermesser«, sagte K. und suchte sich so vor den noch immer Unsichtbaren zu verantworten. »Ach, es ist der Landvermesser«, sagte eine weibliche Stimme und nun folgte eine vollkommene Stille. »Ihr kennt mich?« fragte K. »Gewiß«, sagte noch kurz die gleiche Stimme. Daß man K. kannte schien ihn nicht zu empfehlen.

Endlich verflüchtigte sich ein wenig der Rauch und K. konnte sich langsam zurechtfinden. Es schien ein allgemeiner Waschtag zu sein. In der Nähe der Tür wurde Wäsche gewaschen. Der Rauch war aber aus der linken Ecke gekommen, wo in einem Holzschaff, so groß wie K. noch nie eines gesehen hatte, es hatte etwa den Umfang von zwei Betten, in dampfendem Wasser zwei Männer badeten. Aber noch überraschender, ohne daß man genau wußte worin das Überraschende bestand, war die rechte Ecke. Aus einer großen Luke, der einzigen in der Stubenrückwand, kam dort, wohl vom Hof her, bleiches Schneelicht und gab dem Kleid einer Frau, die tief in der Ecke in einem hohen Lehnstuhl müde fast lag, einen Schein wie von Seide. Sie trug einen Säugling an der Brust. Um sie herum spielten paar Kinder, Bauernkinder wie zu sehen war, sie aber schien nicht zu ihnen zu gehören, freilich, Krankheit und Müdigkeit macht auch Bauern fein.

»Setzt Euch!« sagte der eine der Männer, ein Vollbärtiger, überdies mit einem Schnauzbart, unter dem er den Mund schnaufend immer offen hielt, zeigte, komisch anzusehn, mit der Hand über den Rand des Kübels auf eine Truhe hin und bespritzte dabei K. mit warmem Wasser das ganze Gesicht. Auf der Truhe saß schon vor sich hindämmernd der Alte der K. eingelassen hatte. K. war dankbar sich endlich setzen zu dürfen. Nun kümmerte sich niemand mehr um ihn. Die Frau beim Waschtrog, blond, in jugendlicher Fülle, sang leise bei der Arbeit, die Männer im Bad stampften und drehten sich, die Kinder wollten sich ihnen nähern, wurden aber durch mächtige Wasserspritzer die auch K. nicht verschonten immer wieder zurückgetrieben, die Frau im Lehnstuhl lag wie leblos, nicht einmal auf das Kind an ihrer Brust blickte sie hinab, sondern unbestimmt in die Höhe.

K. hatte sie wohl lange angesehn, dieses sich nicht verändernde schöne traurige Bild, dann aber mußte er eingeschlafen sein, denn als er von einer lauten Stimme gerufen, aufschreckte, lag sein Kopf an der Schulter des Alten neben ihm. Die Männer hatten ihr Bad, in dem sich jetzt die Kinder von der blonden Frau beaufsichtigt herumtrieben, beendet und standen angezogen vor K. Es zeigte sich daß der schreierische Vollbärtige der Geringere von den zweien war. Der andere nämlich, nicht größer als der Vollbärtige und mit viel geringerem Bart, war ein stiller, langsam denkender Mann, von breiter Gestalt, auch das Gesicht breit, den Kopf hielt er gesenkt. »Herr Landvermesser«, sagte er, »hier könnt Ihr nicht bleiben. Verzeiht die Unhöflichkeit.« »Ich wollte auch nicht bleiben«, sagte K., »nur ein wenig mich ausruhn. Das ist geschehn und nun gehe ich.« »Ihr wundert Euch wahrscheinlich über die geringe Gastfreundlichkeit«, sagte der Mann, »aber Gastfreundlichkeit ist bei uns nicht Sitte, wir brauchen keine Gäste.« Ein wenig erfrischt vom Schlaf, ein wenig hellhöriger als früher freute sich K. über die offenen Worte. Er bewegte sich freier, stützte seinen Stock einmal hier einmal dort auf, näherte sich der Frau im Lehnstuhl, war übrigens auch der körperlich größte im Zimmer.

»Gewiß «, sagte K., »wozu brauchtet Ihr Gäste. Aber hie und da braucht man doch einen, z. B. mich, den Landvermesser.« »Das weiß ich nicht«, sagte der Mann langsam, »hat man Euch gerufen, so braucht man Euch wahrscheinlich, das ist wohl eine Ausnahme, wir aber, wir kleinen Leute, halten uns an die Regel, das könnt Ihr uns nicht verdenken.« »Nein, nein«, sagte K., »ich habe Euch nur zu danken, Euch und allen hier.« Und unerwartet für jedermann kehrte sich K. förmlich in einem Sprunge um und stand vor der Frau. Aus müden blauen Augen blickte sie K. an, ein seidenes durchsichtiges Kopftuch reichte ihr bis in die Mitte der Stirn hinab, der Säugling schlief an ihrer Brust. »Wer bist Du?« fragte K. Wegwerfend, es war undeutlich ob die Verächtlichkeit K. oder ihrer eigenen Antwort galt, sagte sie: »Ein Mädchen aus dem Schloß.«

Das alles hatte nur einen Augenblick gedauert, schon hatte K. rechts und links einen der Männer und wurde, als gäbe es kein anderes Verständigungsmittel schweigend aber mit aller Kraft zur Tür gezogen. Der Alte freute sich über irgendetwas dabei und klatschte in die Hände. Auch die Wäscherin lachte bei den plötzlich wie toll lärmenden Kindern.

K. aber stand bald auf der Gasse, die Männer beaufsichtigten ihn von der Schwelle aus, es fiel wieder Schnee, trotzdem schien es ein wenig heller zu sein. Der Vollbärtige rief ungeduldig: »Wohin wollt Ihr gehn? Hier führt es zum Schloß, hier zum Dorf.« Ihm antwortete K. nicht, aber zu dem andern, der ihm trotz seiner Überlegenheit der umgänglichere schien, sagte er: »Wer seid Ihr? Wem habe ich für den Aufenthalt zu danken?« »Ich bin der Gerbermeister Lasemann«, war die Antwort, »zu danken habt Ihr aber niemandem.« »Gut«, sagte K., »vielleicht werden wir noch zusammenkommen.« »Ich glaube nicht«, sagte der Mann. In diesem Augenblick rief der Vollbärtige mit erhobener Hand: »Guten Tag Artur, guten Tag Jeremias!« K. wandte sich um, es zeigten sich in diesem Dorf also doch noch Menschen auf der Gasse! Aus der Richtung vom Schlosse her kamen zwei junge Männer von mittlerer Größe, beide sehr schlank, in engen Kleidern, auch im Gesicht einander sehr ähnlich, die Gesichtsfarbe war ein dunkles Braun, von dem ein Spitzbart in seiner besondern Schwärze dennoch abstach. Sie gingen bei diesen Straßenverhältnissen erstaunlich schnell, warfen im Takt die schlanken Beine. »Was habt Ihr?« rief der Vollbärtige. Man konnte sich nur rufend mit ihnen verständigen, so schnell gingen sie und hielten nicht ein. »Geschäfte«, riefen sie lachend zurück. »Wo?« »Im Wirtshaus.« »Dorthin gehe auch ich«, schrie K. auf einmal mehr als alle andern, er hatte großes Verlangen von den zwei mitgenommen zu werden; ihre Bekanntschaft schien ihm zwar nicht sehr ergiebig aber gute aufmunternde Wegbegleiter waren sie offenbar. Sie aber hörten K.'s Worte, nickten jedoch nur und waren schon vorüber.

K. stand noch immer im Schnee, hatte wenig Lust den Fuß aus dem Schnee zu heben, um ihn ein Stückchen weiter wieder in die Tiefe zu senken; der Gerbermeister und sein Genosse, zufrieden damit K. endgiltig hinausgeschafft zu haben, schoben sich langsam, immer nach K. zurückblickend, durch die nur wenig geöffnete Tür ins Haus und K. war mit dem ihn einhüllenden Schnee allein. »Gelegenheit zu einer kleinen Verzweiflung«, fiel ihm ein, »wenn ich nur zufällig, nicht absichtlich hier stünde.«

Da öffnete sich in der Hütte linker Hand ein winziges Fenster, geschlossen hatte es tiefblau ausgesehn, vielleicht im Widerschein des Schnees, und war so winzig daß als es jetzt geöffnet war nicht das ganze Gesicht des Hinausschauenden zu sehen war, sondern nur die Augen, alte braune Augen. »Dort steht er«, hörte K. eine zittrige Frauenstimme sagen. »Es ist der Landvermesser«, sagte eine Männerstimme. Dann trat der Mann zum Fenster und fragte nicht unfreundlich, aber doch so als sei ihm daran gelegen, daß auf der Straße vor seinem Haus alles in Ordnung sei: »Auf wen wartet Ihr?« »Auf einen Schlitten, der mich mitnimmt«, sagte K. »Hier kommt kein Schlitten«, sagte der Mann, »hier ist kein Verkehr.« »Es ist doch die Straße, die zum Schloß führt«, wendete K. ein. »Trotzdem, trotzdem«, sagte der Mann mit einer gewissen Unerbittlichkeit, »hier ist kein Verkehr.« Dann schwiegen beide. Aber der Mann überlegte offenbar etwas, denn das Fenster, aus dem Rauch strömte, hielt er noch immer offen. »Ein schlechter Weg«, sagte K., um ihm nachzuhelfen. Er aber sagte nur: »Ja freilich.« Nach einem Weilchen sagte er aber doch: »Wenn Ihr wollt, fahre ich Euch mit meinem Schlitten.« »Tut das bitte«, sagte K. sehr erfreut, »wieviel verlangt Ihr dafür?« »Nichts«, sagte der Mann. K. wunderte sich sehr. »Ihr seid doch der Landvermesser«, sagte der Mann erklärend, »und gehört zum Schloß. Wohin wollt Ihr denn fahren?« »Ins Schloß«, sagte K. schnell. »Dann fahre ich nicht«, sagte der Mann sofort. »Ich gehöre doch zum Schloß«, sagte K., des Mannes eigene Worte wiederholend. »Mag sein«, sagte der Mann abweisend. »Dann fahrt mich also zum Wirtshaus«, sagte K. »Gut«, sagte der Mann, »ich komme gleich mit dem Schlitten.« Das Ganze machte nicht den Eindruck besonderer Freundlichkeit, sondern eher den einer Art sehr eigensüchtigen ängstlichen fast pedantischen Bestrebens, K. von dem Platz vor dem Hause wegzuschaffen.

Das Hoftor öffnete sich und ein kleiner Schlitten für leichte Lasten, ganz flach ohne irgendwelchen Sitz, von einem schwachen Pferdchen gezogen kam hervor, dahinter der Mann, nicht alt aber schwach, gebückt, hinkend, mit magerem rotem verschnupftem Gesicht, das besonders klein erschien durch einen fest um den Hals gewickelten Wollshawl. Der Mann war sichtlich krank und nur um K. wegbefördern zu können, war er doch hervorgekommen. K. erwähnte etwas derartiges, aber der Mann winkte ab. Nur daß er der Fuhrmann Gerstäcker war, erfuhr K., und daß er diesen unbequemen Schlitten genommen habe, weil er gerade bereit stand und das Hervorziehn eines andern zu viel Zeit gebraucht hätte. »Setzt Euch«, sagte er und zeigte mit der Peitsche hinten auf den Schlitten. »Ich werde mich neben Euch setzen«, sagte K. »Ich werde gehn«, sagte Gerstäcker. »Warum denn?« fragte K. »Ich werde gehn«, wiederholte Gerstäcker und bekam einen Hustenanfall, der ihn so schüttelte, daß er die Beine in den Schnee stemmen und mit den Händen den Schlittenrand halten mußte. K. sagte nichts weiter, setzte sich hinten auf den Schlitten, der Husten beruhigte sich langsam und sie fuhren.

Das Schloß dort oben, merkwürdig dunkel schon, das K. heute noch zu erreichen gehofft hatte, entfernte sich wieder. Als sollte ihm aber noch zum vorläufigen Abschied ein Zeichen gegeben werden, erklang dort ein Glockenton, fröhlich beschwingt, eine Glocke, die wenigstens einen Augenblick lang das Herz erbeben ließ, so als drohe ihm – denn auch schmerzlich war der Klang – die Erfüllung dessen, wonach er sich unsicher sehnte. Aber bald verstummte diese große Glocke und wurde von einem schwachen eintönigen Glöckchen abgelöst, vielleicht noch oben, vielleicht aber schon im Dorfe. Dieses Geklingel paßte freilich besser zu der langsamen Fahrt und dem jämmerlichen aber unerbittlichen Fuhrmann.

»Du«, rief K. plötzlich – sie waren schon in der Nähe der Kirche, der Weg ins Wirtshaus nicht mehr weit, K. durfte schon etwas wagen – »ich wundere mich sehr, daß Du auf Deine eigene Verantwortung mich herumzufahren wagst. Darfst Du denn das?« Gerstäcker kümmerte sich nicht darum und schritt ruhig weiter neben dem Pferdchen. »He«, rief K., ballte etwas Schnee vom Schlitten zusammen und traf Gerstäcker damit voll ins Ohr. Nun blieb dieser doch stehn und drehte sich um; als ihn K. aber nun so nahe bei sich sah – der Schlitten hatte sich noch ein wenig weiter geschoben – diese gebückte, gewissermaßen mißhandelte Gestalt, das rote müde schmale Gesicht mit irgendwie verschiedenen Wangen, die eine flach, die andere eingefallen, den offenen aufhorchenden Mund, in dem nur paar vereinzelte Zähne waren, mußte er das was er früher aus Bosheit gesagt hatte, jetzt aus Mitleid wiederholen, ob Gerstäcker nicht dafür, daß er K. transportiere, gestraft werden könne. »Was willst Du?« fragte Gerstäcker verstandnislos, erwartete aber auch keine weitere Erklärung, rief dem Pferdchen zu und sie fuhren wieder.

Als sie – K. erkannte es an einer Wegbiegung – fast beim Wirtshaus waren, war es zu seinem Erstaunen schon völlig finster. War er solange fort gewesen? Doch nur ein, zwei Stunden etwa, nach seiner Berechnung. Und am Morgen war er fortgegangen. Und kein Essensbedürfnis hatte er gehabt. Und bis vor kurzem war gleichmäßige Tageshelle gewesen, erst jetzt die Finsternis. »Kurze Tage, kurze Tage«, sagte er zu sich, glitt vom Schlitten und ging dem Wirtshaus zu.

»Ich sprang durch die Gassen wie ein betrunkener Läufer«

Unterwegs in Prag

An Oskar Pollak

Prag, 20. Dezember 1902, Samstag

Prag läßt nicht los. Uns beide nicht. Dieses Mütterchen hat Krallen. Da muß man sich fügen oder –. An zwei Seiten müßten wir es anzünden, am Vyšehrad und am Hradschin, dann wäre es möglich, daß wir loskommen. Vielleicht überlegst Du es Dir bis zum Karneval.

Der plötzliche Spaziergang

Wenn man sich am Abend endgültig entschlossen zu haben scheint, zu Hause zu bleiben, den Hausrock angezogen hat, nach dem Nachtmahl beim beleuchteten Tische sitzt und jene Arbeit oder jenes Spiel vorgenommen hat, nach dessen Beendigung man gewohnheitsgemäß schlafen geht, wenn draußen ein unfreundliches Wetter ist, welches das Zuhausebleiben selbstverständlich macht, wenn man jetzt auch schon so lange bei Tisch stillgehalten hat, daß das Weggehen allgemeines Erstaunen hervorrufen müßte, wenn nun auch schon das Treppenhaus dunkel und das Haustor gesperrt ist, und wenn man nun trotz alledem in einem plötzlichen Unbehagen aufsteht, den Rock wechselt, sofort straßenmäßig angezogen erscheint, weggehen zu müssen erklärt, es nach kurzem Abschied auch tut, je nach der Schnelligkeit, mit der man die Wohnungstür zuschlägt, mehr oder weniger Ärger zu hinterlassen glaubt, wenn man sich auf der Gasse wiederfindet, mit Gliedern, die diese schon unerwartete Freiheit, die man ihnen verschafft hat, mit besonderer Beweglichkeit beantworten, wenn man durch diesen einen Entschluß alle Entschlußfähigkeit in sich gesammelt fühlt, wenn man mit größerer als der gewöhnlichen Bedeutung erkennt, daß man ja mehr Kraft als Bedürfnis hat, die schnellste Veränderung leicht zu bewirken und zu ertragen, und wenn man so die langen Gassen hinläuft, – dann ist man für diesen Abend gänzlich aus seiner Familie ausgetreten, die ins Wesenlose abschwenkt, während man selbst, ganz fest, schwarz vor Umrissenheit, hinten die Schenkel schlagend, sich zu seiner wahren Gestalt erhebt.

Verstärkt wird alles noch, wenn man zu dieser späten Abendzeit einen Freund aufsucht, um nachzusehen, wie es ihm geht.

Der Fahrgast

Ich stehe auf der Plattform des elektrischen Wagens und bin vollständig unsicher in Rücksicht meiner Stellung in dieser Welt, in dieser Stadt, in meiner Familie. Auch nicht beiläufig könnte ich angeben, welche Ansprüche ich in irgendeiner Richtung mit Recht vorbringen könnte. Ich kann es gar nicht verteidigen, daß ich auf dieser Plattform stehe, mich an dieser Schlinge halte, von diesem Wagen mich tragen lasse, daß Leute dem Wagen ausweichen oder still gehn oder vor den Schaufenstern ruhn. – Niemand verlangt es ja von mir, aber das ist gleichgültig.

Der Wagen nähert sich einer Haltestelle, ein Mädchen stellt sich nahe den Stufen, zum Aussteigen bereit. Sie erscheint mir so deutlich, als ob ich sie betastet hätte. Sie ist schwarz gekleidet, die Rockfalten bewegen sich fast nicht, die Bluse ist knapp und hat einen Kragen aus weißer kleinmaschiger Spitze, die linke Hand hält sie flach an die Wand, der Schirm in ihrer Rechten steht auf der zweitobersten Stufe. Ihr Gesicht ist braun, die Nase, an den Seiten schwach gepreßt, schließt rund und breit ab. Sie hat viel braunes Haar und verwehte Härchen an der rechten Schläfe. Ihr kleines Ohr liegt eng an, doch sehe ich, da ich nahe stehe, den ganzen Rücken der rechten Ohrmuschel und den Schatten an der Wurzel.

Ich fragte mich damals: Wieso kommt es, daß sie nicht über sich verwundert ist, daß sie den Mund geschlossen hält und nichts dergleichen sagt?

Über der leeren, gleichmäßig erhellten Straße stand ein großer Mond in einem leicht bewölkten und dadurch weiter ausgebreiteten Himmel. Auf dem Boden lag ein zarter Schnee. Die Füße glitten aus beim Gehn, daher mußte man kleine Schritte thun.

Kaum waren wir ins Freie getreten, als ich offenbar in große Munterkeit gerieth. Ich hob die Beine übermüthig und ließ die Gelenke lustig knacken, ich rief über die Gasse einen Namen hin, als sei mir ein Freund um die Ecke entwischt, ich warf den Hut im Sprunge hoch und fieng ihn prahlerisch auf.

Mein Bekannter aber gieng unbekümmert neben mir her. Er hielt den Kopf geneigt. Er redete auch nicht.

Das wunderte mich, denn ich hatte erwartet, seine Freude würde ihn toll machen, wenn die Gesellschaft nicht mehr um ihn wäre; ich wurde stiller. Gerade hatte ich ihm einen aufmunternden Schlag über den Rücken gegeben, als mich Scham ergriff, so daß ich meine Hand ungeschickt zurückzog. Da sie mir unnöthig war, steckte ich sie in die Tasche meines Rockes.

Wir giengen also schweigend. Ich achtete darauf, wie unsere Schritte klangen und konnte nicht begreifen, daß es mir unmöglich war in gleichem Schritt mit meinem Bekannten zu bleiben. Es erregte mich ein wenig. Der Mond war klar, man konnte deutlich sehn. Hie und da lehnte jemand in einem Fenster und betrachtete uns.

Als wir in die Ferdinandsstraße kamen, bemerkte ich, daß mein Bekannter eine Melodie zu summen begann; es war ganz leise, aber ich hörte es. Ich fand, daß es für mich beleidigend sei. Warum sprach er nicht mit mir? Wenn er mich aber nicht nöthig hatte, warum hatte er mich nicht in meiner Ruhe gelassen. Ich erinnerte mich ärgerlich an das gute süße Zeug, das ich seinetwegen auf meinem Tischchen liegen gelassen hatte. Ich erinnerte mich auch an den Benediktiner und wurde ein wenig lustiger, fast hochmüthig kann man sagen. Ich stemmte die Hände in die Hüften und bildete mir ein, ich gienge selbstständig spazieren. Ich war in Gesellschaft gewesen, hatte einen undankbaren jungen Menschen vor Beschämung gerettet und gieng jetzt im Mondlicht spazieren. Eine in ihrer Natürlichkeit grenzenlose Lebensweise. Den Tag über im Amt, Abends in Gesellschaft, in der Nacht auf den Gassen und nichts übers Maß.

Doch, mein Bekannter gieng noch hinter mir, ja er beschleunigte sogar seinen Gang, als er merkte, daß er zurückgeblieben war und that, als wäre das etwas Natürliches. Ich aber überlegte, ob es nicht vielleicht passend wäre, in eine Seitengasse einzubiegen, da ich doch zu einem gemeinsamen Spaziergang nicht verpflichtet war. Ich konnte allein nachhause gehn und keiner durfte mich hindern. In meinem Zimmer würde ich die Stehlampe anzünden, welche in dem eisernen Gestelle auf dem Tische ist, ich würde mich in meinen Armstuhl setzen, der auf dem zerrissenen morgenländischen Teppich steht. – Als ich soweit war, überfiel mich die Schwäche, die immer über mich kommt, sobald ich daran denken muß, wieder in meine Wohnung zu gehn und wieder Stunden allein zwischen den bemalten Wänden zu verbringen und auf dem Fußboden, welcher in dem an der Rückwand aufgehängten Goldrahmenspiegel schräg abfallend erscheint. Meine Beine wurden müde und schon war ich entschlossen auf jeden Fall nachhause zu gehn und mich in mein Bett zu legen, als mir der Zweifel kam, ob ich jetzt beim Weggehn meinen Bekannten grüßen solle oder nicht. Aber ich war zu furchtsam, um ohne Gruß wegzugehn und zu schwach, um laut rufend zu grüßen, daher blieb ich wieder stehn, stützte mich an eine mondbeschienene Häusermauer und wartete.

Mein Bekannter kam in fröhlichem Schritt und wohl auch ein wenig besorgt. Er machte große Anstalten, zwinkerte jetzt mit seinen Augenlidern, streckte die Arme wagrecht in die Luft, reckte heftig seinen Kopf, auf dem ein harter schwarzer Hut war, zu mir empor und schien mit alledem zeigen zu wollen, er verstehe den Scherz sehr gut zu würdigen, den ich zu seiner Belustigung hier vorführte.

Ich war hilflos und sagte leise: »Heute ist ein lustiger Abend.« Dabei gab ich ein mißlungenes Lachen von mir. Er antwortete: »Ja, und haben Sie gesehn, wie auch das Stubenmädchen mich küßte.« Ich konnte nicht reden, denn mein Hals war voll Thränen, daher versuchte ich, wie ein Posthorn zu blasen, um nicht stumm zu bleiben. Er hielt sich zuerst die Ohren zu, dann schüttelte er freundlich dankend meine rechte Hand. Die muß sich kalt angefühlt haben, denn er ließ sie gleich los und sagte: »Ihre Hand ist sehr kalt, die Lippen des Stubenmädchens waren wärmer, o ja.« Ich nickte verständig. Während ich aber den lieben Gott bat, mir Standhaftigkeit zu geben, sagte ich: »Ja, Sie haben recht, wir werden nachhause gehn, es ist spät und morgen früh habe ich Amt; bedenken Sie, man kann ja dort schlafen, aber es ist nicht das Rechte. Sie haben recht, wir werden nachhause gehn.« Dabei reichte ich ihm die Hand, als sei die Sache endgiltig erledigt. Er aber gieng lächelnd auf meine Redeweise ein: »Ja, Sie haben Recht, eine solche Nacht will nicht im Bette verschlafen sein. Bedenken Sie doch, wieviele glückliche Gedanken man mit der Bettdecke erstickt, wenn man allein in seinem Bette schläft und wieviel unglückliche Träume man mit ihr wärmt.« Und aus Freude über diesen Einfall, faßte er vorn an der Brust – höher reichte er nicht – kräftig meinen Rock, und schüttelte mich mit Laune; dann kniff er seine Augen zusammen und sagte vertraulich: »Wissen Sie, wie Sie sind, komisch sind Sie.« Dabei begann er weiter zu gehn und ich folgte ihm, ohne es zu merken, denn mich beschäftigte sein Ausspruch.

Zuerst freute es mich, denn es schien zu zeigen, daß er etwas in mir vermuthete, was zwar nicht in mir war, aber mich bei ihm in Beachtung brachte dadurch, daß er es vermuthete. Ein solches Verhältnis macht mich glücklich. Ich war zufrieden, nicht nachhause gegangen zu sein und mein Bekannter wurde für mich sehr wertvoll als einer, der mir vor den Menschen Wert gibt, ohne daß ich ihn erst erwerben muß! Ich sah meinen Bekannten mit liebevollen Augen an. In Gedanken schützte ich ihn gegen Gefahren, besonders gegen Nebenbuhler und eifersüchtige Männer. Sein Leben wurde mir theuerer als meines. Ich fand sein Gesicht schön, ich war stolz auf sein Glück bei den Frauenzimmern und ich nahm an den Küssen theil, die er an diesem Abend von den zwei Mädchen bekommen hatte. Oh, dieser Abend war lustig! Morgen wird mein Bekannter mit Fräulein Anna reden; gewöhnliche Dinge zuerst, wie es natürlich ist, aber dann wird er plötzlich sagen: »Gestern in der Nacht war ich mit einem Menschen beisammen, wie Du ihn liebes Annerl, sicher noch nie gesehen hast. Er sieht aus, – wie soll ich es beschreiben – wie eine Stange in baumelnder Bewegung auf die ein gelbhäutiger und schwarzbehaarter Schädel ein wenig ungeschickt aufgespießt ist. Sein Körper ist mit vielen, ziemlich kleinen, grellen, gelblichen Stoffstücken behängt, die ihn gestern vollständig bedeckten, denn in der Windstille dieser Nacht lagen sie glatt an. Er gieng schüchtern neben mir. Du mein liebes Annerl, die Du so gut küssen kannst, ich weiß, Du hättest ein wenig gelacht und ein wenig Dich gefürchtet, ich aber, dessen Seele ganz zerflogen ist vor Liebe zu Dir, freute mich seiner Gegenwart. Er ist vielleicht unglücklich und darum schweigt er still und doch ist man neben ihm in einer glücklichen Unruhe, die nicht aufhört. Ich war ja gestern gebeugt von eigenem Glück, aber fast vergaß ich an Dich. Es war mir als höbe sich mit den Athemzügen seiner platten Brust die harte Wölbung des gestirnten Himmels. Der Horizont brach auf und unter entzündeten Wolken wurden Landschaften sichtbar endlos, so wie sie uns glücklich machen. – Mein Himmel, wie liebe ich Dich Annerl und Dein Kuß ist mir lieber als eine Landschaft. Reden wir nicht mehr von ihm und haben wir einander lieb.«

Als wir dann mit langsamen Schritten den Quai betraten, beneidete ich zwar meinen Bekannten um die Küsse, aber ich empfand auch mit Fröhlichkeit die innere Beschämung, die er mir gegenüber, so wie ich ihm erschien, wohl fühlen mußte.

So dachte ich. Aber meine Gedanken verwirrten sich damals, denn die Moldau und die Stadtviertel am andern Ufer lagen in einem Dunkel. Nur einige Lichter brannten und spielten mit den schauenden Augen.

Wir standen am Geländer. Ich zog meine Handschuhe an, denn vom Wasser wehte es kalt; dann seufzte ich ohne Grund auf, wie man es vor einem Fluß in der Nacht wohl thun mag, und wollte weiter gehn. Aber mein Bekannter schaute ins Wasser und rührte sich gar nicht. Dann trat er noch näher an das Geländer, stützte die Arme mit den Ellenbogen auf das Eisen nieder und legte die Stirne in seine Hände. Das schien mir thöricht. Ich fror und stülpte meinen Rockkragen in die Höhe. Mein Bekannter streckte sich und legte den Oberkörper, der jetzt auf seinen gespannten Armen ruhte, über das Geländer. Beschämt beeilte ich mich zu reden, um mein Gähnen zu unterdrücken: »Nicht wahr, es ist doch merkwürdig daß gerade die Nacht nur imstande ist, uns ganz in Erinnerungen zu tauchen. Jetzt zum Beispiel erinnere ich mich an dieses: Einmal saß ich auf einer Bank am Ufer eines Flusses am Abend in verrenkter Haltung. Ich sah, den Kopf auf den Arm gelegt, der auf der hölzernen Lehne der Bank auflag, die wolkenhaften Berge des andern Ufers und hörte eine zarte Geige, die jemand im Strandhotel spielte. Auf beiden Ufern fuhren hin und wieder schiebende Züge mit erglänzendem Rauch.« – So redete ich und suchte krampfhaft hinter den Worten Liebesgeschichten mit merkwürdigen Lagen zu erfinden; auch ein wenig Roheit und feste Nothzucht brauchte nicht zu fehlen.

Aber ich brachte kaum die ersten Worte vor, als mein Bekannter gleichgültig und bloß überrascht darüber, mich noch hier zu sehn – so schien es mir – sich zu mir wandte und sagte: »Sehen Sie, so kommt es immer. Als ich heute die Treppe hinunterstieg, um noch einen Abendspaziergang zu machen, ehe ich in die Gesellschaft gehen mußte, wunderte ich mich, wie meine röthlichen Hände in den weißen Manschetten hin und herschlenkerten und wie sie es mit ungewohnter Munterkeit thaten. Da erwartete ich Abenteuer. So kommt es immer.« Dieses sagte er schon im Gehn, nur beiläufig, als eine kleine Beobachtung.

Mich aber rührte es sehr und es wurde mir schmerzlich, daß

ihm vielleicht meine lange Gestalt unangenehm sein könnte, neben der er vielleicht zu klein erschien. Und dieser Umstand quälte mich, trotzdem es doch Nacht war und wir fast niemandem begegneten, doch so sehr, daß ich meinen Rücken so gebückt machte, daß meine Hände im Gehn meine Knie berührten. Damit aber mein Bekannter meine Absicht nicht merke, veränderte ich meine Haltung nur ganz allmählich mit großer Vorsicht und suchte seine Aufmerksamkeit von mir abzulenken durch Bemerkungen über die Bäume der Schützeninsel und über die Spiegelung der Brückenlampen im Flusse. Aber mit plötzlicher Wendung drehte er sein Gesicht mir zu und sagte nachsichtig: »Warum gehen Sie denn so? Sie sind ja jetzt ganz gebückt und fast so klein, wie ich.«

Da er das gütig gesagt hatte, antwortete ich: »Das mag sein. Aber mir ist diese Haltung angenehm. Ich bin ziemlich schwächlich, wissen Sie, und es kommt mir zu schwer an, meinen Körper aufrecht zu erhalten. Das ist keine Kleinigkeit; ich bin sehr lang –«

Er sagte ein wenig mißtrauisch: »Das ist doch bloß eine Laune. Sie giengen doch früher ganz aufrecht, glaube ich und auch in der Gesellschaft hielten Sie sich doch leidlich. Sie tanzten sogar oder nicht? Nein? Aber aufrecht giengen Sie doch und das werden Sie jetzt auch noch können.«

Ich antwortete beharrlich und mit der Hand abwehrend: »Ja, ja ich gieng aufrecht. Aber Sie unterschätzen mich. Ich weiß, was gutes Benehmen ist und darum gehe ich gebückt.«

Aber ihm schien es nicht einfach, sondern verwirrt von seinem Glück verstand er den Zusammenhang meiner Worte nicht und sagte nur: »Nun, wie Sie wollen« und schaute zur Uhr des Mühlenthurmes auf, die schon fast ein Uhr zeigte.

Ich aber sagte zu mir: »Wie herzlos ist dieser Mensch! Wie bezeichnend und deutlich ist seine Gleichgültigkeit gegen meine demüthigen Worte! Er ist eben glücklich und das ist die Art der Glücklichen, alles natürlich zu finden, was um sie geschieht. Ihr Glück stellt einen glanzvollen Zusammenhang her. Und wenn ich jetzt ins Wasser gesprungen wäre oder wenn mich jetzt vor ihm Krämpfe zerreißen hier auf dem Pflaster unter diesem Bogen immer würde ich mich friedlich seinem Glück einfügen. Ja, wenn er in die Laune käme – ein Glücklicher ist so gefährlich, das ist unzweifelhaft – würde er mich auch todtschlagen wie ein Straßenmörder. Das ist sicher und da ich feig bin, würde ich vor Schrecken nicht einmal zu schreien wagen. – Um Gotteswillen!« – Ich sah mich in Angst um. Vor einem entfernten Kaffeehaus mit rechteckigen schwarzen Scheiben ließ sich ein Schutzmann über das Pflaster gleiten. Sein Säbel behinderte ihn ein wenig, er nahm ihn in die Hand und nun gieng es viel hübscher. Und als ich ihn bei der mäßigen Entfernung auch noch schwach juchzen hörte, da war ich überzeugt, daß er mich nicht retten würde, wenn mich mein Bekannter totschlagen wollte.

Aber jetzt wußte ich auch, was ich thun mußte, denn gerade vor schrecklichen Ereignissen überkommt mich große Entschlossenheit. Ich mußte weglaufen. Es war ganz leicht. Jetzt beim Einbug zur Karlsbrücke nach links konnte ich nach rechts in die Karlsgasse springen. Sie war winklig, es gab dort dunkle Hausthore und Weinstuben die noch offen waren; ich mußte nicht verzweifeln.

Als wir unter dem Bogen am Ende des Quais hervortraten, rannte ich mit erhobenen Armen in die Gasse; doch als ich gerade zu einer kleinen Thüre der Kirche kam, fiel ich, denn dort war eine Stufe die ich nicht gesehen hatte. Es krachte. Die nächste Laterne war entfernt, ich lag im Dunkel. Aus einer Weinstube gegenüber kam ein dickes Weib mit einem rauchigen Lämpchen heraus, um nachzusehn was auf der Gasse geschehen war. Das Klavierspiel hörte auf und ein Mann öffnete die jetzt halboffene Thür völlig. Er spie großartig auf eine Stufe und während er das Frauenzimmer zwischen den Brüsten kitzelte, sagte er, das was geschehen sei, sei jedenfalls ohne Bedeutung. Sie drehten sich darauf um und die Thüre wurde wieder zugemacht.

Als ich aufzustehn versuchte, fiel ich wieder. »Es ist Glatteis«, sagte ich und verspürte einen Schmerz im Knie. Aber doch freute es mich, daß die Leute aus der Weinstube mich nicht sehen konnten und es schien mir daher das Bequemste hier bis zur Dämmerung liegen zu bleiben.

Mein Bekannter war wohl allein bis zur Brücke gegangen, ohne meinen Abschied bemerkt zu haben, denn er kam erst nach einer Weile zu mir. Ich sah nicht, daß er erstaunt war, als er sich mitleidig zu mir bückte und mich mit weicher Hand streichelte. Er fuhr an meinen Wangenknochen auf und nieder und legte dann zwei dicke Finger an meine niedrige Stirn: »Sie haben sich weh gethan, nicht? Es ist Glatteis und man muß vorsichtig sein – der Kopf schmerzt Sie? Nein? ach das Knie, so.« Er sprach in einem singenden Ton, als ob er eine Geschichte erzähle und eine sehr angenehme Geschichte überdies von einem sehr entfernten Schmerz in einem Knie. Er bewegte auch seine Arme, aber er dachte nicht daran mich aufzuheben. Ich stützte den Kopf auf meine rechte Hand – der Ellbogen lag auf einem Pflasterstein – und sagte schnell, damit ich es nicht vergäße: »Ich weiß nicht eigentlich, warum ich nach rechts lief. Doch ich sah unter den Lauben dieser Kirche – ich weiß nicht, wie sie heißt, oh, bitte, verzeihen Sie – eine Katze laufen. Eine kleine Katze und sie hatte ein helles Fell. Daher bemerkte ich sie. – Oh nein, das war es nicht, entschuldigen Sie, aber es ist genügende Mühe sich den Tag über zu beherrschen. Man schläft eben um sich zu dieser Mühe zu kräftigen, schläft man aber nicht, dann geschehn nicht selten zwecklose Dinge mit uns, aber es wäre unhöflich von unsern Begleitern sich darüber laut zu wundern.«

Mein Bekannter hatte die Hände in den Taschen und sah über die leere Brücke hin, dann zur Kreuzherrenkirche und dann auf zum Himmel, der klar war. Da er mir nicht zugehört hatte, sagte er dann ängstlich: »Ja, warum reden Sie denn nicht mein Lieber; ist Ihnen schlecht – ja warum stehn Sie denn eigentlich nicht auf – es ist doch kalt hier, Sie werden sich verkühlen und dann wollten wir doch auf den Laurenziberg.«

»Natürlich«, sagte ich, »verzeihen Sie« und ich stand allein auf, aber mit starkem Schmerz. Ich schwankte und mußte das

Standbild Karl des Vierten fest ansehn um meines Standpunktes sicher zu sein. Aber das Mondlicht war ungeschickt und brachte auch Karl den Vierten in Bewegung. Ich staunte darüber und meine Füße wurden viel kräftiger aus Angst, Karl der Vierte möchte umstürzen, wenn ich nicht in beruhigender Haltung wäre. Später schien mir meine Anstrengung nutzlos, denn Karl der Vierte fiel doch herunter, gerade als es mir einfiel, daß ich geliebt würde von einem Mädchen in einem schönen weißen Kleid.

Unnützes thue ich und versäume viel. Wie glücklich war dieser Einfall, das Mädchen betreffend! – Und lieb war es da vom Mond, daß er auch mich beschien und ich wollte aus Bescheidenheit mich unter die Wölbung des Brückenthurmes stellen, als ich einsah, daß es doch bloß natürlich sei, daß der Mond alles bescheine. Daher breitete ich mit Freude meine Arme aus, um den Mond ganz zu genießen. – Da fiel mir der Vers ein:

Ich sprang durch die Gassen
wie ein betrunkener Läufer
stampfend durch Luft

und es wurde mir leicht, als ich Schwimmbewegungen mit den lässigen Armen machend ohne Schmerz und Mühe vorwärtskam. Mein Kopf lag gut in kühler Luft und die Liebe des weißgekleideten Mädchens brachte mich in trauriges Entzücken, denn es schien mir als schwimme ich von der Verliebten und auch von den wolkenhaften Bergen ihrer Gegend weg. – Und ich erinnerte mich, daß ich einmal einen glücklichen Bekannten, der jetzt noch vielleicht neben mir gieng, gehaßt hatte und es freute mich, daß mein Gedächtnis so gut war, daß es selbst so nebensächliche Dinge bewahrte. Denn das Gedächtnis hat viel zu tragen. So kannte ich mit einem Male alle die vielen Sterne bei Namen, trotzdem ich es niemals gelernt hatte. Ja, es waren merkwürdige Namen, schwer zu behalten, aber ich wußte sie alle und sehr genau. Ich gab meinen Zeigefinger in die Höhe und nannte die Namen der einzelnen laut. – Ich kam aber nicht weit mit dem Nennen der Sterne, denn ich mußte weiterschwimmen, wollte ich nicht zusehr untertauchen. Aber damit man mir später nicht sagen könnte, über dem Pflaster könnte jeder schwimmen und es sei nicht des Erzählens wert, erhob ich mich durch ein Tempo über das Geländer und umkreiste schwimmend jede Heiligenstatue, der ich begegnete. – Bei der fünften, als ich mich gerade mit überlegenen Schlägen über dem Pflaster hielt, faßte mein Bekannter meine Hand. Da stand ich wieder auf dem Pflaster und fühlte einen Schmerz im Knie. Ich hatte die Namen der Sterne vergessen und von dem lieben Mädchen wußte ich nur, daß sie ein weißes Kleid getragen hatte, aber ich konnte mich gar nicht mehr erinnern, welche Gründe ich gehabt hatte, an die Liebe des Mädchens zu glauben. Es erhob sich in mir ein großer und so begründeter Zorn gegen mein Gedächtnis und Angst, ich könnte das Mädchen verlieren. Und so wiederholte ich angestrengt und unaufhörlich »weißes Kleid, weißes Kleid« um wenigstens durch dieses eine Zeichen mir das Mädchen zu erhalten. Aber das hat nichts geholfen. Mein Bekannter drängte sich mit seinen Reden immer näher zu mir und in dem Augenblick, als ich anfieng seine Worte zu verstehn, hüpfte ein weißer Schimmer zierlich am Brückengeländer entlang, strich durch den Brückenthurm und sprang in die dunkle Gasse.

»Immer liebte ich«, sagte mein Bekannter auf die Statue der heiligen Ludmila zeigend, »die Hände dieses Engels, links. Ihre Zartheit ist ohne Grenzen und die Finger, die sich aufspannen, zittern. Aber von heute abend an sind mir diese Hände gleichgultig, das kann ich sagen, denn ich küßte Hände –« Da umarmte er mich, küßte meine Kleider und stieß mit seinem Kopf gegen meinen Leib.

Ich sagte: »Ja, ja. Ich glaube das. Ich zweifle nicht« und dabei zwickte ich ihn mit meinen Fingern soweit er sie freiließ in seine Waden. Aber er spürte es nicht. Da sagte ich zu mir: »Warum gehst Du mit diesem Menschen? Du liebst ihn nicht und Du hassest ihn auch nicht, denn sein Glück besteht nur in einem Mädchen und es ist nicht einmal sicher, daß sie ein weißes Kleid trägt. Also ist Dir dieser Mensch gleichgültig – wiederhole es – gleichgültig. Er ist aber auch ungefährlich, wie es sich erwiesen hat. Also geh mit ihm zwar weiter auf den Laurenziberg, denn Du bist schon auf dem Wege in schöner Nacht, aber laß ihn reden und vergnüge Dich auf Deine Weise, dadurch – sage es leise – schützt Du Dich auch am besten.«

Unterwegs in Prag

Der Wagen war gänzlich unbrauchbar. Das rechte Vorderrad fehlte, infolgedessen war das rechte Hinterrad überlastet und verbogen, die Deichsel war zerbrochen, ein Stück von ihr lag auf dem Wagendach.

Laufen, Laufen. Blick aus einer Nebengasse. Hohe Häuser, eine noch viel höhere Kirche.

Das Charakteristische der Stadt ist ihre Leere. Der große Ringplatz z. B. ist immer leer. Die Elektrischen, die sich dort kreuzen sind immer leer. Laut, hell, befreit von der Notwendigkeit des Augenblicks klingt ihr Läuten. Der große Bazar der am Ringplatz beginnt und durch viele Häuser in eine weit entfernte Straße führt, ist immer leer. An den vielen im Freien stehenden Tischchen des Kaffeehauses, das zu beiden Seiten des Bazareinganges sich ausbreitet sitzt kein Gast. Das große Tor der alten Kirche in der Mitte des Platzes ist weit offen, aber niemand geht ein oder aus. Die Marmorstufen, die zum Tor emporführen, strahlen mit einer geradezu unbändigen Kraft das Sonnenlicht zurück, das auf sie fällt.

Es ist meine alte Heimatstadt und ich irre langsam, stockend durch ihre Gassen

Der Proceß

Am Vorabend seines einunddreißigsten Geburtstages – es war gegen neun Uhr abends, die Zeit der Stille auf den Straßen – kamen zwei Herren in K.'s Wohnung. In Gehröcken, bleich und fett, mit scheinbar unverrückbaren Cylinderhüten. Nach einer kleinen Förmlichkeit bei der Wohnungstür wegen des ersten Eintretens wiederholte sich die gleiche Förmlichkeit in größerem Umfange vor K.'s Tür. Ohne daß ihm der Besuch angekündigt gewesen wäre, saß K. gleichfalls schwarz angezogen in einem Sessel in der Nähe der Türe und zog langsam neue scharf sich über die Finger spannende Handschuhe an, in der Haltung wie man Gäste erwartet. Er stand gleich auf und sah die Herren neugierig an. »Sie sind also für mich bestimmt?« fragte er. Die Herren nickten, einer zeigte mit dem Cylinderhut in der Hand auf den andern. K. gestand sich ein, daß er einen andern Besuch erwartet hatte. Er gieng zum Fenster und sah noch einmal auf die dunkle Straße. Auch fast alle Fenster auf der andern Straßenseite waren noch dunkel, in vielen die Vorhänge herabgelassen. In einem beleuchteten Fenster des Stockwerkes spielten zwei kleine Kinder hinter einem Gitter mit einander und tasteten, noch unfähig sich von ihren Plätzen fortzubewegen, mit den Händchen nach einander. »Alte untergeordnete Schauspieler schickt man um mich«, sagte sich K. und sah sich um, um sich nochmals davon zu überzeugen. »Man sucht auf billige Weise mit mir fertig zu werden.« K. wendete sich plötzlich ihnen zu und fragte: »An welchem Teater spielen Sie.« »Teater?« fragte der eine Herr mit zuckenden Mundwinkeln den andern um Rat. Der andere geberdete sich wie ein Stummer, der mit dem widerspenstigen Organismus kämpft. »Sie sind nicht darauf vorbereitet, gefragt zu werden«, sagte sich K. und gieng seinen Hut holen.

Schon auf der Treppe wollten sich die Herren in K. einhängen, aber K. sagte: »Erst auf der Gasse, ich bin nicht krank.« Gleich aber vor dem Tor hängten sie sich in ihn in einer Weise ein, wie K.

noch niemals mit einem Menschen gegangen war. Sie hielten die Schultern eng hinter den seinen, knickten die Arme nicht ein, sondern benützten sie, um K.'s Arme in ihrer ganzen Länge zu umschlingen, unten erfaßten sie K.'s Hände mit einem schulmäßigen, eingeübten, unwiderstehlichen Griff. K. gieng straff gestreckt zwischen ihnen, sie bildeten jetzt alle drei eine solche Einheit, daß wenn man einen von ihnen zerschlagen hätte, alle zerschlagen gewesen wären. Es war eine Einheit, wie sie fast nur Lebloses bilden kann.

Unter den Laternen versuchte K. öfters, so schwer es bei diesem engen Aneinander ausgeführt werden konnte, seine Begleiter deutlicher zu sehn, als es in der Dämmerung seines Zimmers möglich gewesen war. Vielleicht sind es Tenöre dachte er im Anblick ihres schweren Doppelkinns. Er ekelte sich vor der Reinlichkeit ihrer Gesichter. Man sah förmlich noch die säubernde Hand, die in ihre Augenwinkel gefahren, die ihre Oberlippe gerieben, die die Falten am Kinn ausgekratzt hatte.

Als K. das bemerkte blieb er stehn, infolgedessen blieben auch die adern stehn; sie waren am Rand eines freien menschenleeren mit Anlagen geschmückten Platzes. »Warum hat man gerade Sie geschickt!« rief er mehr als er fragte. Die Herren wußten scheinbar keine Antwort, sie warteten mit dem hängenden freien Arm, wie Krankenwärter, wenn der Kranke sich ausruhn will. »Ich gehe nicht weiter«, sagte K. versuchsweise. Darauf brauchten die Herren nicht zu antworten, es genügte daß sie den Griff nicht lockerten und K. von der Stelle wegzuheben versuchten, aber K. widerstand. »Ich werde nicht mehr viel Kraft brauchen, ich werde jetzt alle anwenden«, dachte er. Ihm fielen die Fliegen ein, die mit zerreißenden Beinchen von der Leimrute wegstreben. »Die Herren werden schwere Arbeit haben.«

Da stieg vor ihnen aus einer tiefer gelegenen Gasse auf einer kleinen Treppe Fräulein Bürstner zum Platz empor. Es war nicht ganz sicher, ob sie es war, die Ähnlichkeit war freilich groß. Aber K. lag auch nichts daran, ob es bestimmt Fräulein Bürstner war, bloß die Wertlosigkeit seines Widerstandes kam ihm gleich zu

Bewußtsein. Es war nichts Heldenhaftes wenn er widerstand, wenn er jetzt den Herren Schwierigkeiten bereitete, wenn er jetzt in der Abwehr noch den letzten Schein des Lebens zu genießen versuchte. Er setzte sich in Gang und von der Freude, die er dadurch den Herren machte, gieng noch etwas auf ihn selbst über. Sie duldeten es jetzt, daß er die Wegrichtung bestimmte und er bestimmte sie nach dem Weg, den das Fräulein vor ihnen nahm, nicht etwa weil er sie einholen, nicht etwa weil er sie möglichst lange sehen wollte, sondern nur deshalb um die Mahnung, die sie für ihn bedeutete nicht zu vergessen. »Das einzige was ich jetzt tun kann«, sagte er sich und das Gleichmaß seiner Schritte und der Schritte der drei andern bestätigte seine Gedanken, »das einzige was ich jetzt tun kann ist, bis zum Ende den ruhig einteilenden Verstand behalten. Ich wollte immer mit zwanzig Händen in die Welt hineinfahren und überdies zu einem nicht zu billigenden Zweck. Das war unrichtig, soll ich nun zeigen, daß nicht einmal der einjährige Proceß mich belehren konnte? Soll ich als ein begriffsstütziger Mensch abgehn? Soll man mir nachsagen dürfen, daß ich am Anfang des Processes ihn beenden und jetzt an seinem Ende ihn wieder beginnen will. Ich will nicht, daß man das sagt. Ich bin dankbar dafür, daß man mir auf diesem Weg diese halbstummen verständnislosen Herren mitgegeben hat und daß man es mir überlassen hat, mir selbst das Notwendige zu sagen.«

Das Fräulein war inzwischen in eine Seitengasse eingebogen, aber K. konnte sie schon entbehren und überließ sich seinen Begleitern. Alle drei zogen nun in vollem Einverständnis über eine Brücke im Mondschein, jeder kleinen Bewegung, die K. machte, gaben die Herren jetzt bereitwillig nach, als er ein wenig zum Geländer sich wendete, drehten auch sie sich in ganzer Front dorthin. Das im Mondlicht glänzende und zitternde Wasser teilte sich um eine kleine Insel, auf der wie zusammengedrängt Laubmassen von Bäumen und Sträuchern sich aufhäuften. Unter ihnen jetzt unsichtbar führten Kieswege mit bequemen Bänken, auf denen K. in manchem Sommer sich gestreckt und gedehnt hatte. »Ich wollte ja gar nicht stehn bleiben«, sagte er zu seinen Begleitern, beschämt durch ihre Bereitwilligkeit. Der eine schien dem andern hinter K.'s Rücken einen sanften Vorwurf wegen des mißverständlichen Stehenbleibens zu machen, dann giengen sie weiter.

Sie kamen durch einige ansteigende Gassen, in denen hie und da Polizisten standen oder giengen, bald in der Ferne, bald in nächster Nähe. Einer mit buschigem Schnurrbart, die Hand am Griff des Säbels trat wie mit Absicht nahe an die nicht ganz unverdächtige Gruppe. Die Herren stockten, der Polizeimann schien schon den Mund zu öffnen, da zog K. mit Macht die Herren vorwärts. Öfters drehte er sich vorsichtig um, ob der Polizeimann nicht folge; als sie aber eine Ecke zwischen sich und dem Polizeimann hatten fieng K. zu laufen an, die Herren mußten trotz großer Atemnot auch mitlaufen.

So kamen sie rasch aus der Stadt hinaus, die sich in dieser Richtung fast ohne Übergang an die Felder anschloß. Ein kleiner Steinbruch, verlassen und öde, lag in der Nähe eines noch ganz städtischen Hauses. Hier machten die Herren halt, sei es daß dieser Ort von allem Anfang an ihr Ziel gewesen war, sei es daß sie zu erschöpft waren, um noch weiter zu laufen. Jetzt ließen sie K. los der stumm wartete, nahmen die Cylinderhüte ab und wischten sich, während sie sich im Steinbruch umsahen, mit den Taschentüchern den Schweiß von der Stirn. Überall lag der Mondschein mit seiner Natürlichkeit und Ruhe, die keinem andern Licht gegeben ist.

Nach Austausch einiger Höflichkeiten hinsichtlich dessen wer die nächsten Aufgaben auszuführen habe, – die Herren schienen die Aufträge ungeteilt bekommen zu haben – gieng der eine zu K. und zog ihm den Rock, die Weste und schließlich das Hemd aus. K. fröstelte unwillkürlich, worauf ihm der Herr einen leichten beruhigenden Schlag auf den Rücken gab. Dann legte er die Sachen sorgfältig zusammen, wie Dinge die man noch gebrauchen wird, wenn auch nicht in allernächster Zeit. Um K. nicht ohne Bewegung der immerhin kühlen Nachtluft auszusetzen, nahm er ihn unter den Arm und gieng mit ihm ein wenig auf und ab, während der andere Herr den Steinbruch nach irgendeiner passenden Stelle absuchte. Als er sie gefunden hatte winkte er und der andere Herr geleitete K. hin. Es war nahe der Bruchwand, es lag dort ein losgebrochener Stein. Die Herren setzten K. auf die Erde nieder, lehnten ihn an den Stein und betteten seinen Kopf obenauf. Trotz aller Anstrengung, die sie sich gaben, und trotz alles Entgegenkommens, das ihnen K. bewies, blieb seine Haltung eine sehr gezwungene und unglaubwürdige. Der eine Herr bat daher den andern ihm für ein Weilchen das Hinlegen K.'s allein zu überlassen, aber auch dadurch wurde es nicht besser. Schließlich ließen sie K. in einer Lage, die nicht einmal die beste von den bereits erreichten Lagen war. Dann öffnete der eine Herr seinen Gehrock und nahm aus einer Scheide, die an einem um die Weste gespannten Gürtel hing, ein langes dünnes beiderseitig geschärftes Fleischermesser, hielt es hoch und prüfte die Schärfen im Licht. Wieder begannen die widerlichen Höflichkeiten, einer reichte über K. hinweg das Messer dem andern, dieser reichte es wieder über K. zurück. K. wußte jetzt genau, daß es seine Pflicht gewesen wäre, das Messer, als es von Hand zu Hand über ihm schwebte, selbst zu fassen und sich einzubohren. Aber er tat es nicht, sondern drehte den noch freien Hals und sah umher. Vollständig konnte er sich nicht bewähren, alle Arbeit den Behörden nicht abnehmen, die Verantwortung für diesen letzten Fehler trug der, der ihm den Rest der dazu nötigen Kraft versagt hatte. Seine Blicke fielen auf das letzte Stockwerk des an den Steinbruch angrenzenden Hauses. Wie ein Licht aufzuckt, so fuhren die Fensterflügel eines Fensters dort auseinander, ein Mensch schwach und dünn in der Ferne und Höhe beugte sich mit einem Ruck weit vor und streckte die Arme noch weiter aus. Wer war es? Ein Freund? Ein guter Mensch? Einer der teilnahm? Einer der helfen wollte? War es ein einzelner? Waren es alle? War noch Hilfe? Gab es Einwände, die man vergessen hatte? Gewiß gab es solche. Die Logik ist zwar unerschütterlich, aber einem Menschen der leben will, widersteht sie nicht. Wo war der Richter den er nie gesehen hatte? Wo war das hohe Gericht bis zu dem er nie gekommen war? Er hob die Hände und spreizte alle Finger.

Aber an K.'s Gurgel legten sich die Hände des einen Herrn, während der andere das Messer ihm ins Herz stieß und zweimal dort drehte. Mit brechenden Augen sah noch K. wie nahe vor seinem Gesicht die Herren Wange an Wange aneinandergelehnt die Entscheidung beobachteten. »Wie ein Hund!« sagte er, es war, als sollte die Scham ihn überleben.

»Wenn einer durch die Welt fliegt mit Siebenmeilenstiefeln«

Erste Reisen (1902–1908)

An Oskar Pollak

Liboch, am oder vor dem 12. August 1902, Dienstag

Wenn einer durch die Welt fliegt mit Siebenmeilenstiefeln, von böhmischen zu thüringischen Wäldern, da kostets rechte Mühe, ihn zu fassen oder auch nur sein Mantelzipfelchen zu betupfen. Darob mag er nicht böse sein. So ist es jetzt auch für Ilmenau zu spät. Aber in Weimar – ist am Ende auch dabei eine Absicht? – wird Dich ein Brief erwarten, vollgestopft mit seltsamen Dingen, die gar durch das lange Liegen am besagten Ort kräftiger und feiner werden. Wir wollens hoffen,

Dein Franz

Liboch, Ende August/Anfang September 1902

Es ist eine wunderliche Zeit, die ich hier verbringe, das wirst du schon bemerkt haben und ich habe so eine wunderliche Zeit gebraucht, eine Zeit, in der ich stundenlang auf einer Weinbergmauer liege und in die Regenwolken starre, die nicht weg wollen von hier oder in die weiten Felder, die noch weiter werden, wenn man einen Regenbogen in den Augen hat oder wo ich im Garten sitze und den Kindern (besonders eine kleine blonde sechsjährige, die Frauen sagen, sie sei herzig) Märlein erzähle oder Sandburgen baue oder Versteckenspiele oder Tische schnitze, die – Gott sei mein Zeuge – niemals gut geraten. Wunderliche Zeit, nicht?

Oder wo ich durch die Felder gehe, die jetzt ganz braun und wehmütig dastehen mit den verlassenen Pflügen und die doch ganz silbrig aufleuchten, wenn dann trotz allem die späte Sonne kommt und meinen langen Schatten (ja meinen langen Schatten, vielleicht komm ich noch durch ihn ins Himmelreich) auf die Furchen wirft. Hast Du schon gemerkt, wie Spätsommerschatten auf durchwühlter dunkler Erde tanzen, wie körperhaft sie tanzen. Hast Du schon gemerkt, wie sich die Erde entgegenhebt der fressenden Kuh, wie zutraulich sie sich entgegenhebt? Hast Du schon gemerkt, wie schwere fette Ackererde unter den allzu feinen Fingern zerbröckelt, wie feierlich sie zerbröckelt?

An Paul Kisch

München, 26. November 1903, Donnerstag

So, das schreibe ich im Luitpold, ich habe einen schlechten Kaffee getrunken und ich werde noch eine schlechtere Karte schreiben.

Das Oberflächlichste von München habe ich in den 2 Tagen gerade betastet und so kleine Blicke in das Innere bekommen. Um das rascher und selbstständiger zu machen, habe ich mich von Utitz ziemlich ferngehalten ja heute leider Gottes sogar ein Rendezvous versäumt. Von Morgen ab schleiche ich mich dann in die Gesellschaft ein. – Ich werde viel Nutzen von München haben.

Dein
Franz Kafka

Adresse: Pension Lorenz, Sophienstraße N 15 3ter Stock

An Max Brod

Zuckmantel, vermutlich 23. August 1905, Mittwoch

Lieber B. Sicher, ich hätte Dir geschrieben, wenn ich in Prag geblieben wäre. So aber bin ich leichtsinnig, leichtsinnig schon die vierte Woche in einem Sanatorium in Schlesien sehr viel unter Menschen und Frauenzimmern und ziemlich lebendig geworden

Franz K.

Triesch, Mitte August 1907

[...] Ja, wenn man durch Trost schon glücklich würde und nicht auch ein wenig Glück zum Glücklichsein nöthig wäre.

Nein, wenn sich bis Oktober in meinen Aussichten nichts bessert, mache ich den Abiturientenkurs an der Handelsakademie und lerne zu Französisch und Englisch noch Spanisch. Wenn Du das mit mir machen wolltest, das wäre schön; was Du beim Lernen mir gegenüber vor hast, würde ich durch Ungeduld ersetzen; mein Onkel müßte uns einen Posten in Spanien verschaffen oder wir würden nach Südamerika fahren oder auf die Azoren, nach Madeira.

Vorläufig darf ich noch bis zum 25. August hier leben. Ich fahre viel auf dem Motorrad, ich bade viel, ich liege lange nackt im Gras am Teiche, bis Mitternacht bin ich mit einem lästig verliebten Mädchen im Park, ich habe schon Heu auf der Wiese umgelegt, ein Ringelspiel aufgebaut, nach dem Gewitter Bäumen geholfen, Kühe und Ziegen geweidet und am Abend nachhause getrieben, viel Billard gespielt, große Spaziergänge gemacht, viel Bier getrunken und ich bin auch schon im Tempel gewesen. Am meisten Zeit aber – ich bin sechs Tage hier – habe ich mit zwei kleinen Mädchen verbracht, sehr gescheidten Mädchen, Studentinnen, sehr socialdemokratisch, die ihre Zähne aneinanderhalten müssen, um nicht gezwungen zu sein bei jedem Anlaß eine Überzeugung, ein Princip auszusprechen. Die eine heißt Agathe, die andere Hedwig. Agathe ist sehr häßlich und Hedwig auch. H. ist klein und dick, ihre Wangen sind roth ununterbrochen und grenzenlos, ihre obern Vorderzähne sind groß und erlauben dem Mund nicht, sich zu schließen, und dem Unterkiefer nicht, klein zu sein; sie ist sehr kurzsichtig und das nicht nur der hübschen Bewegung halber, mit der sie den Zwicker auf die Nase – deren Spitze ist wirklich schön aus kleinen Flächen zusammengesetzt – niedersetzt; heute Nacht habe ich von ihren verkürzten dicken Beinen geträumt und auf diesen Umwegen erkenne ich die Schönheit eines Mädchens und verliebe mich. Morgen werde ich ihnen aus den »Experimenten« vorlesen, es ist das einzige Buch, das ich außer Stendal und den »Opalen« bei mir habe.

Ja, wenn ich auch die »Amethyste« hätte, würde ich Dir die Gedichte abschreiben, aber ich habe sie im Bücherkasten zuhause und den Schlüssel habe ich bei mir, um ein Sparkassabuch nicht entdecken zu lassen, von dem niemand zu hause weiß und das für mich meinen Rang in der Familie bestimmt. Hast Du also bis zum 25ten August nicht Zeit, dann schicke ich Dir den Schlüssel.

Und jetzt bleibt mir nur übrig, Dir mein armer Junge für die Mühe zu danken, die Du hattest, um Deinen Verleger von der Güte meiner Zeichnung zu überzeugen.

Heiß ist und nachmittag soll ich im Wald tanzen.

Grüße ich bitte Deine Familie von mir

Dein Franz.

<u>Das schöne Mädchen spricht.</u>
Ich bin die Blüte der Welt
Tausende langen nach mir
Ich neige mich zu dem, der mir gefällt
Meine Augen sind feuchte Funken
Sie warnen, sie locken
Zu einem Brand in den schon mancher sinnlos
hingesunken.
Meine Arme sind glühende Säulen

Und mit einem zarten Streicheln
Wissen sie, den stärksten Willen totzukeulen
Meine Finger sind Krallen,
Aber so angenehm!
Die Herzen lächeln, die geritzt und ewig blutend niederfallen. / Meine Hände sind Blumendolden, / und wie seltsame Insekten / Schwirren die Ringe daran, klirren verliebt und golden. / Mein Mund ist von Düften schwer. / Was ich rede, duftet … / Und meine Stimme kommt wie Glockenton von einem Wollustdome her. / Meine Brüste sind Vöglein, die schlafen, / zusammengeduckt, mit weichem Gefieder / Und müde von den vielen Küssen, die sie trafen. / Meine Knochen sind weiße Flöten. / Darum dringt eine himmlische Musik / aus meinen Bewegungen. Die Knaben hören und erröten. / Mein Schoß ist feucht und heiß, / Erreger der köstlichsten Freuden, / die ich an meines Freunds verzückten Mienen abzulesen weiß. / Und wie bedaur ich dann, / Daß ich dies allerhöchste Glück / Nur an dem andern sehn, niemals es selbst genießen kann.

<u>Erinnerung</u> Sie konnte ihren Rücken seitlich biegen / An Stellen, wo er andern träge starrt. // Sie war so schlank, gelenksam, junger Art, / So ganz gemacht, sich anzuschmiegen. // Und angeschmiegt an mich mit sanften Brüsten, / Mit warmen Lenden blieb sie oft gebannt. / Nicht nur die Lippen hielten wir verwandt, / Ah, unsre ganzen Leiber küßten … / Das war ein Glühen, Pressen, Greifen, Raffen, / Als wollten wir, … sie meinen festen Leib / Und ich das weiße makellose Weib … / Aus heißem Fleische neu erschaffen. // Nun ist's vorbei // Das Leben bleibt nicht kalt. / Noch viele Frauen werden mir genügen. / Doch dankbar und mit heiligstem Vergnügen / Gedenk ich deiner, teure Wohlgestalt. // Sie konnte ihren Rücken biegen …

<u>Sehnsucht</u> Ich bin ans Kreuz geschlagen, / Kann keinem Menschen sagen / Wie Schmerz und wehes Sehnen mir das Herz zernagt. / Und schöne Amouretten / mit Hyazinthen-Ketten / Umflattern mich, von reinem Ätherlicht umtagt. // Doch einer schwebt darunter noch lieblicher und bunter. / Das macht, weil

er so seltsam meinem Liebchen gleicht. / Er streckt, der Liebeswarme, / Entgegen mir die Arme / Und weiß doch, daß mein Arm ihn niemals mehr erreicht. // Er tanzt im Glanz der Glieder / Berückend auf und nieder. / An meine Wunden rührt manchmal sein Kitzelhaar. / Sein Athem, wie von welken Bignonien und Nelken, / Bringt sanfte und begehrliche Gerüche dar. // Ah! Sieben Eisennägel / Blutsaugerische Egel / Sind kalt und haltend durch mein zartes Fleisch gesteckt. / Die Arme in den Schnüren / Kann ich nicht näher führen, / Nicht die Gestalt umfangen, die mir heile Sehnsucht weckt … // Da stürzt schon voll Begehren / Das Blut in meine Schwären / Und springt in Strahlen wild aus meinem Leib hervor, / Und nicht zu Boden fällt es, / Ein Liebeszauber hält es / Und trägt die rothen Tropfen in die Welt empor. // Zur Lieblichen, zur Einen! / Ihr will mein Blut sich einen, / Da es mein Leib nicht darf, wie ich es oft genoß. / Und mit gebrochnen Blicken / Seh ich: die Tropfen schmücken / Wie ein Rubinen-Regen ihren süßen Schoß.

Nächtliche Gesellschaft

Neun nackte Frauenleiber / Stehn um mein Bett jede Nacht, / Die besten Zeit

Spitzberg, 18. Juli 1908, Samstag

Mein lieber Max,

ich sitze unter dem Verandendach, vorn will es zu regnen anfangen, die Füße schütze ich, indem ich sie von dem kalten Ziegelboden auf eine Tischleiste setze und nur die Hände gebe ich preis, indem ich schreibe. Und ich schreibe, daß ich sehr glücklich bin und daß ich froh wäre, wärest Du hier, denn in den Wäldern sind Dinge, über die nachzudenken, man Jahre lang im Moos liegen könnte. Adieu, ich komme ja bald.

Dein Franz

Prag, vermutlich 29./30. Juli 1908,
Mittwoch/Donnerstag

Mein lieber Max – es ist ½1 Nacht, also eine ungewöhnliche Zeit zum Briefschreiben selbst wenn die Nacht so heiß wie heute ist. Nicht einmal Nachtfalter kommen zum Licht.

— Nach den glücklichen 8 Tagen im Böhmerwald – die Schmetterlinge fliegen dort so hoch wie die Schwalben bei uns – bin ich jetzt 4 Tage in Prag und so hilflos. Niemand kann mich leiden und ich niemand, aber das Zweite ist erst die Folge, nur dein Buch, das ich jetzt endlich geradenwegs lese, tut mir gut. So tief im Unglück ohne Erklärung war ich schon lange nicht. Solange ich es lese, halte ich mich daran fest, wenn es auch gar nicht Unglücklichen helfen will, aber sonst muß ich so dringend jemanden suchen, der mich nur freundlich berührt, daß ich gestern mit einer Dirne im Hotel war. Sie ist zu alt, um noch melancholisch zu sein, nur tut ihr leid, wenn es sie auch nicht wundert, daß man zu Dirnen nicht so lieb wie zu einem Verhältnis ist. Ich habe sie nicht getröstet, da sie auch mich nicht getröstet hat.

Bodenbach, 2. September 1908, Mittwoch

Mein lieber Max

Jetzt um 5 Uhr die Langweile von 6 Stunden Arbeit mit Milch in sich hinuntertrinken das hat noch beiläufigen Sinn. Aber sonst. Sonst gibt es noch einiges: sehr gutes Essen früh, mittag, abend und im Hotelzimmer wohnen. Hotelzimmer habe ich gerne, in Hotelzimmern bin ich gleich zu Hause, mehr als zu Hause wirklich.

Dein Franz

»... mit uns aber geht es endgültig tiefer in die Campagna«

Reisen in die Schweiz und nach Italien (1909–1911)

An die Arbeiter-Unfall-Versicherungs-Anstalt in Prag

Prag, 19. August 1909, Donnerstag

Hochlöblicher
Verwaltungsauschuß
der
Arbeiter-Unfallversicherungsanstalt für das Königreich Böhmen
in
Prag!

Der ergebenst Gefertigte bittet, ihm unter Rücksichtnahme auf das beigeschlossene ärztliche Zeugnis einen 8tägigen Urlaub gütigst zu gewähren.

Prag, am 19. August 09

J.UDr. Franz Kafka

An Ottla Kafka

Riva, 7. September 1909, Dienstag

Liebste Ottla, arbeite bitte fleißig im Geschäft, damit ich ohne Sorgen es mir hier gut gehn lassen kann und grüße die lieben Eltern von mir

Dein Franz
(eigenhändig:) Max Brod

Die Aeroplane in Brescia

Wir sind angekommen. Vor dem Aerodrom liegt noch ein großer Platz mit verdächtigen Holzhäuschen, für die wir andere Aufschriften erwartet hätten, als: Garage, Grand Büfett International und so weiter. Ungeheure in ihren Wägelchen fettgewordene Bettler strecken uns ihre Arme in den Weg, man ist in der Eile versucht, über sie zu springen. Wir überholen viele Leute und werden von vielen überholt. Wir schauen in die Luft, um die es sich hier ja handelt. Gott sei Dank, noch fliegt keiner! Wir weichen nicht aus und werden doch nicht überfahren. Zwischen und hinter den Tausend Fuhrwerken und ihnen entgegen hüpft italienische Kavallerie. Ordnung und Unglücksfälle scheinen gleich unmöglich.

Einmal in Brescia spät am Abend wollten wir rasch in eine bestimmte Gasse kommen, die unserer Meinung nach ziemlich weit entfernt war. Ein Kutscher verlangt 3 Lire, wir bieten zwei. Der Kutscher verzichtet auf die Fahrt und nur aus Freundschaft beschreibt er uns die geradezu entsetzliche Entfernung dieser Gasse. Wir fangen an, uns unseres Anbotes zu schämen. Gut, 3 Lire. Wir steigen ein, drei Drehungen des Wagens durch kurze Gassen, wir sind dort, wohin wir wollten. Otto, energischer als wir zwei andern, erklärt, es falle ihm natürlich nicht im geringsten ein, für die Fahrt, die eine Minute gedauert hat, 3 Lire zu geben. Ein Lire sei mehr als genug. Da sei ein Lire. Es ist schon Nacht, das Gäßchen ist leer, der Kutscher ist stark. Er kommt gleich in einen Eifer, als dauere der Streit schon eine Stunde: Was? – Das sei Betrug. – Was man sich denn denke. – 3 Lire seien vereinbart, 3 Lire müssen gezahlt werden, 3 Lire her oder wir würden staunen. Otto: »Den Tarif oder die Wache!« Tarif? Da sei kein Tarif. – Wo gäbe es dafür einen Tarif! – Es sei eine Vereinbarung über eine Nachtfahrt gewesen, wenn wir ihm aber 2 Lire geben, so lasse er uns laufen. Otto zum Angst bekommen: »Den Tarif oder die Wache!« Noch einiges Geschrei und Suchen, dann wird ein Tarif herausgezogen, auf dem nichts zu sehen ist, als Schmutz. Wir einigen uns daher auf 1 Lire 50 und der Kutscher fährt weiter in die enge Gasse, in der er nicht wenden kann, nicht nur wütend, sondern auch wehmütig, wie mir scheinen will. Denn unser Benehmen ist leider nicht das Richtige gewesen; so darf man in Italien nicht auftreten, anderswo mag das recht sein, hier nicht. Nun wer überlegt das in der Eile! Da ist nichts zu beklagen, man kann eben in einer kleinen Flugwoche nicht Italiener werden.

Aber Reue soll uns nicht die Freude auf dem Flugfeld verderben, das gäbe doch nur wieder frische Reue, und wir springen ins Aerodrom mehr als wir gehen in dieser Begeisterung aller Gelenke, die uns, einen nach dem andern, unter dieser Sonne hier plötzlich manchmal erfaßt.

Wir kommen an den Hangars vorüber, die mit ihren zusammengezogenen Vorhängen dastehen, wie geschlossene Bühnen wandernder Komödianten. Auf ihren Giebelfeldern stehn die Namen der Aviatiker, deren Apparate sie verbergen, darüber die Trikolore ihrer Heimat. Wir lesen die Namen Cobianchi, Cagno, Calderara, Rougier, Curtiss, Moncher (ein Tridentiner, der italienische Farben trägt, er vertraut ihnen mehr, als unsern), Anzani, Klub der römischen Aviatiker. Und *Blériot*? fragen wir. Blériot, an den wir die ganze Zeit über dachten, wo ist Blériot?

In dem eingezäunten Platz vor seinem Hangar läuft Rougier, ein kleiner Mensch mit auffallender Nase, in Hemdärmeln auf und ab. Er ist in äußerster, etwas unklarer Tätigkeit, er wirft die Arme mit den stark bewegten Händen, betastet sich im Gehen überall, schickt seine Arbeiter hinter den Vorhang des Hangars, ruft sie zurück, geht selbst, alle vor sich drängend, hinein, während abseits seine Frau in engem, weißen Kleid, einen kleinen schwarzen Hut stark ins Haar gepreßt, die Beine im kurzen Rock zart auseinandergestellt, in die leere Hitze schaut, eine Geschäftsfrau mit allen Sorgen des Geschäftes in ihrem kleinen Kopf.

Vor dem benachbarten Hangar sitzt Curtiss ganz allein.

Durch die ein wenig gelüfteten Vorhänge ist sein Apparat zu sehen; er ist größer, als man erzählt. Als wir vorüberkommen, hält Curtiss den Newyork Herald in der Höhe vor sich und liest eine Zeile oben auf einer Seite; nach einer halben Stunde kommen wir wieder vorbei, er hält schon in der Mitte dieser Seite; wieder nach einer halben Stunde ist er mit der Seite fertig und fängt eine neue an. Fliegen will er heute offenbar nicht.

Wir wenden uns und sehn das weite Feld. Es ist so groß, daß alles, was sich auf ihm befindet, verlassen scheint: die Zielstange nahe bei uns, der Signalmast in der Ferne, der Startkatapult irgendwo rechts, ein Komiteeautomobil, das mit im Wind gespanntem gelben Fähnchen einen Bogen über das Feld beschreibt, in seinem eigenen Staub stehen bleibt und wieder fährt.

Eine künstliche Einöde ist hier eingerichtet worden in einem fast tropischen Lande, und der Hochadel Italiens, glänzende Damen aus Paris und alle andern Tausende sind hier beisammen, um viele Stunden mit schmalen Augen in diese sonnige Einöde zu schauen. Nichts ist auf diesem Platz, was sonst auf Sportfeldern Abwechslung bringt. Es fehlen die hübschen Hürden der Pferderennen, die weißen Zeichnungen der Tennisplätze, der frische Rasen der Fußballspiele, das steinerne Auf und Ab der Automobil- und Radrennbahnen. Nur zwei- oder dreimal während des Nachmittags trabt ein Zug färbiger Reiterei quer über die Ebene. Die Füße der Pferde sind unsichtbar im Staub, das gleichmäßige Licht der Sonne ändert sich bis gegen die fünfte Nachmittagsstunde nicht. Und damit nichts im Anblick dieser Ebene störe, fehlt auch jede Musik, nur das Pfeifen der Massen auf den billigen Plätzen sucht die Bedürfnisse des Ohres und der Ungeduld zu erfüllen. Von den teueren Tribünen aus, die hinter uns stehn, mag allerdings jenes Volk mit der leeren Ebene ohne Unterschied in eins zusammenfließen.

An einer Stelle des Holzgeländers stehen viele Leute aneinander. »Wie klein!« ruft eine französische Gruppe gleichsam seufzend. Was ist denn los? Wir drängen uns durch. Aber da steht ja auf dem Felde, ganz nahe, mit wirklicher gelblicher Farbe ein kleiner Aeroplan, den man zum Fliegen vorbereitet. Nun sehen wir auch den Hangar Blériots, neben ihm den seines Schülers Leblanc, sie sind auf dem Felde selbst aufgebaut. An einen der zwei Flügel des Apparats gelehnt steht, gleich erkannt, Blériot und schaut, den Kopf fest auf dem Halse, seinen Mechanikern in die Finger, wie sie am Motor arbeiten.

Ein Arbeiter faßt den einen Flügel der Schraube um sie anzudrehn, er reißt an ihr, es gibt auch einen Ruck, man hört etwas wie den Atemzug eines starken Mannes im Schlaf; aber die Schraube rührt sich nicht weiter. Noch einmal wird es versucht, zehnmal wird es versucht, manchmal bleibt die Schraube gleich stehn, manchmal gibt sie sich für ein paar Wendungen her. Es liegt am Motor. Neue Arbeiten fangen an, die Zuschauer ermüden mehr als die nahe Beteiligten. Der Motor wird von allen Seiten geölt; verborgene Schrauben werden gelockert und zugeschnürt; ein Mann lauft ins Hangar, holt ein Ersatzstück; da paßt es wieder nicht; er eilt zurück und hockend auf dem Boden des Hangar bearbeitet er es mit einem Hammer zwischen seinen Beinen. Blériot wechselt den Sitz mit einem Mechaniker, der Mechaniker mit Leblanc. Bald reißt dieser Mann an der Schraube, bald jener. Aber der Motor ist unbarmherzig, wie ein Schüler, dem man immer hilft, die ganze Klasse sagt ihm ein, nein, er kann es nicht, immer wieder bleibt er stecken, immer wieder bei der gleichen Stelle bleibt er stecken, versagt. Ein Weilchen lang sitzt Blériot ganz still in seinem Sitz; seine sechs Mitarbeiter stehn um ihn herum, ohne sich zu rühren; alle scheinen zu träumen.

Die Zuschauer können einmal aufatmen und sich umsehn. Die junge Frau Blériot mit mütterlichem Gesicht kommt vorüber, zwei Kinder hinter ihr. Wenn ihr Mann nicht fliegen kann, ist es ihr nicht recht, und wenn er fliegt, hat sie Angst; überdies ist ihr schönes Kleid ein bißchen zu schwer für diese Temperatur.

Wieder wird die Schraube angedreht, vielleicht besser als früher, vielleicht auch nicht; der Motor kommt mit Lärm in Gang, als sei er ein anderer; vier Männer halten rückwärts den Apparat und inmitten der Windstille ringsherum fährt der Luftzug von der schwingenden Schraube her in Stößen durch die Arbeitsmäntel dieser Männer. Man hört kein Wort, nur der Lärm der Schraube scheint zu kommandieren, acht Hände entlassen den Apparat, der lange über die Erdschollen hinläuft, wie ein Ungeschickter auf Parkett.

Viele solche Versuche werden gemacht und alle enden unabsichtlich. Jeder treibt das Publikum in die Höhe, auf die Strohsessel hinauf, auf denen man mit ausgestreckten Armen zugleich sich in Balance erhält, zugleich auch Hoffnung, Angst und Freude zeigen kann. In den Pausen aber zieht die Gesellschaft des italienischen Adels die Tribünen entlang. Man begrüßt einander, verneigt sich, erkennt einander wieder, es gibt Umarmungen, man steigt die Treppen zu den Tribünen hinauf und hinab. Man zeigt einander die Principessa Laetitia Savoia Bonaparte, die Principessa Borghese, eine ältliche Dame, deren Gesicht die Farbe dunkelgelber Weintrauben hat, die Contessa Morosini. Marcello Borghese ist bei allen Damen und keiner, er scheint von der Ferne ein verständliches Gesicht zu haben, in der Nähe aber schließen sich seine Wangen über den Mundwinkeln ganz fremd. Gabriele *d'Annunzio*, klein und schwach, tanzt scheinbar schüchtern vor dem Conte Oldofredi, einem der bedeutendsten Herren des Komitees. Von der Tribüne schaut über das Geländer das starke Gesicht *Puccinis* mit einer Nase, die man eine Trinkernase nennen könnte.

Aber diese Personen erblickt man nur, wenn man sie sucht, sonst sieht man überall alles entwertend die langen Damen der heutigen Mode. Sie ziehen das Gehen dem Sitzen vor, in ihren Kleidern sitzt es sich nicht gut. Alle Gesichter, asiatisch verschleiert, werden in einer leichten Dämmerung getragen. Das am Oberkörper lose Kleid läßt die ganze Gestalt von rückwärts etwas zaghaft erscheinen; ein wie gemischter, ruheloser Eindruck entsteht, wenn solche Damen zaghaft erscheinen! Das Mieder liegt tief, kaum noch zu fassen; die Taille scheint breiter, als gewöhnlich, weil alles schmal ist; diese Frauen wollen tiefer umarmt sein.

Es war nur der Apparat Leblancs, der bisher gezeigt wurde. Nun aber kommt der Apparat, mit dem Blériot den Kanal überflogen hat; keiner hat es gesagt, alle wissen es. Eine lange Pause und Blériot ist in der Luft, man sieht seinen geraden Oberkörper über den Flügeln, seine Beine stecken tief als Teil der Maschinerie. Die Sonne hat sich geneigt und unter dem Baldachin der Tribünen durch beleuchtet sie die schwebenden Flügel. Hingegeben sehn alle zu ihm auf, in keinem Herzen ist für einen andern Platz. Er fliegt eine kleine Runde und zeigt sich dann fast senkrecht über uns. Und alles sieht mit gerecktem Hals, wie der Monoplan schwankt, von Blériot gepackt wird und sogar steigt. Was geschieht denn? Hier oben ist 20 M. über der Erde ein Mensch in einem Holzgestell verfangen und wehrt sich gegen eine freiwillig übernommene unsichtbare Gefahr. Wir aber stehn unten ganz zurückgedrängt und wesenlos und sehen diesem Menschen zu.

Alles geht gut vorüber. Der Signalmast zeigt gleichzeitig an, daß der Wind günstiger geworden ist und Curtiss um den großen Preis von Brescia fliegen wird. Also doch? Kaum verständigt man sich darüber, schon rauscht der Motor des Curtiss, kaum sieht man hin, schon fliegt er von uns weg, fliegt über die Ebene, die sich vor ihm vergrößert, zu den Wäldern in der Ferne, die jetzt erst aufzusteigen scheinen. Lange geht sein Flug über jene Wälder, er verschwindet, wir sehen die Wälder an, nicht ihn. Hinter Häusern, Gott weiß wo, kommt er in gleicher Höhe wie früher hervor, jagt gegen uns zu; steigt er, dann sieht man die unteren Flächen des Biplans dunkel sich neigen, sinkt er, dann glänzen die oberen Flächen in der Sonne. Er kommt um den Signalmast herum und wendet, gleichgültig gegen den Lärm der Begrüßung, geradeaus dorthin, von wo er gekommen ist, um nur schnell wieder klein und einsam zu werden. Er führt fünf solche Runden aus, fliegt 50 Km. in 49' 24" und gewinnt damit den großen Preis von Brescia, L. 30.000. Es ist eine vollkommene Leistung, aber vollkommene Leistungen können nicht gewürdigt werden, vollkommener Leistungen hält sich am Ende jeder für fähig, zu vollkommenen Leistungen scheint kein Mut nötig. Und während Curtiss allein dort über den Wäldern arbeitet, während seine allen bekannte Frau um ihn sich sorgt, hat die Menge fast an ihn vergessen. Überall wird nur darüber geklagt, daß Calderara nicht fliegen wird (sein Apparat ist zerbrochen), daß Rougier schon zwei Tage lang an seinem Voisinflieger herumhantiert, ohne ihn loszulassen, daß Zodiac, der italienische Lenkballon, noch immer nicht gekommen ist. Über Calderaras Unglück laufen so rühmliche Gerüchte um, daß man glauben will, die Liebe der Nation sollte ihn sicherer in die Luft heben, als sein Wrightflieger.

Noch hat Curtiss seinen Flug nicht beendet, und schon fangen wie vor Begeisterung in drei Hangars die Motors zu arbeiten an. Wind und Staub schlägt aus entgegengesetzten Richtungen zusammen. Zwei Augen genügen nicht. Man dreht sich auf seinem Sessel, schwankt, hält sich an irgendjemandem fest, bittet um Verzeihung, irgend jemand schwankt, reißt einen mit, man bekommt Dank. Der frühe Abend des italienischen Herbstes beginnt, auf dem Felde ist nicht mehr alles deutlich zu sehen.

Gerade als Curtiss nach seinem Siegesflug vorüberkommt, ohne herzuschauen ein bißchen lächelnd die Mütze abnimmt, fängt Blériot einen kleinen Kreisflug an, den ihm alle schon vorher zutrauen! Man weiß nicht, ob man Curtiss applaudiert oder Blériot oder schon Rougier, dessen großer schwerer Apparat sich jetzt in die Luft wirft. Rougier sitzt an seinen Hebeln wie ein Herr an einem Schreibtisch, zu dem man hinter seinem Rücken auf einer kleinen Leiter kommen kann. Er steigt in kleinen Runden, überfliegt Blériot, macht ihn zum Zuschauer und hört nicht auf zu steigen.

Wenn wir noch einen Wagen bekommen wollen, ist es höchste Zeit wegzugehen; viele Leute drängen schon an uns vorüber. Man weiß ja, dieser Flug ist nur ein Experiment, da es schon gegen 7 Uhr geht, wird er nicht mehr offiziell registriert. In dem Vorhof des Aerodroms stehen die Chauffeure und Diener auf ihren Sitzen und zeigen auf Rougier; vor dem Aerodrom stehen die Kutscher auf den verstreuten vielen Wagen und zeigen auf Rougier; drei Züge voll bis zum letzten Puffer rühren sich nicht wegen Rougiers. Wir bekommen glücklich einen Wagen, der Kutscher hockt sich vor uns nieder (einen Kutschbock gibt es nicht), und endlich wieder selbständige Existenzen geworden fahren wir los. Max macht die sehr richtige Bemerkung, daß man etwas ähnliches wie hier auch in Prag veranstalten könnte und sollte. Es müßte ja kein Wettfliegen sein, meint er, trotzdem auch das sich lohnen würde, aber einen Aviatiker einladen, das wäre doch sicher eine Leichtigkeit und kein Beteiligter würde es zu bereuen haben. Die Sache wäre ja so einfach; jetzt fliegt Wright in Berlin, nächstens wird Blériot in Wien fliegen, Latham in Berlin. Man müßte also die Leute nur zu dem kleinen Umweg überreden. Wir zwei andern antworten nichts, da wir erstens müde sind und zweitens auch sonst nichts einzuwenden hätten. Der Weg dreht sich und Rougier erscheint so hoch, daß man glaubt, seine Lage könne bald nur nach den Sternen bestimmt werden, die sich gleich auf dem Himmel zeigen werden, der sich schon dunkel verfärbt. Wir hören nicht auf, uns umzudrehen; gerade steigt noch Rougier, mit uns aber geht es endgültig tiefer in die Campagna.

Die Schweiz während der ersten Morgenstunden sich selbst  überlassen. Ich wecke Max beim Anblick einer derartigen Brücke wecke ich Max und verschaffe mir dadurch den ersten starken Eindruck von der Schweiz trotzdem ich sie schon lange aus innerer in äußerer Dämmerung anschaue. – Der Eindruck aufrechter, selbständiger Häuser in Gallen ohne Gassenbildung. – Winterthur. – Mann in der beleuchteten Villa in Würtemberg, der um 2 Uhr in der Nacht auf der Verande sich über das Geländer beugt. Tür ins Schreibzimmer geöffnet. – Die schon wachen Rinder in der schlafenden Schweiz. – Telegraphenstangen Querschnitt von Kleiderhaken. – Erbleichen der Matten bei steigender Sonne – Erinnerung an das strafhausähnliche Stationsgebäude in Cham, dessen Aufschrift in biblischem Ernst ausgeführt ist. Fensterschmuck scheint trotz seiner Armut gegen Vorschriften zu verstoßen. In zwei weit auseinander liegenden Fenstern des großen Hauses stehn vom Wind bewegt dort ein großes hier ein kleines Bäumchen.

Lump auf dem Bahnhof in Wintertur mit Stöckchen, Gesang und einer Hand in der Hosentasche.

Anfrage im Fenster: Wie wird Zürich die erste große schweizerische Stadt aus den Einzelhäusern gebildet sein?

Geschäftliche Unternehmungen in Villen.

Viel Gesang in Lindau auf dem Bahnhof in der Nacht.

Patriotische Statistik: Flächeninhalt einer in der Ebene auseinandergezogenen Schweiz.

---

fremde Chokoladenfirmen

(Verlorengegangenes)

Zürich

Heraufsteigen des Bahnhofs aus einigen ineinandergegangenen Bahnhöfen der letzten Erinnerung – (Max nimmt es für a + x in Besitz)

Historischer Eindruck fremden Militärs. Fehlen dieses Eindrucks beim eigenen – Argument des Antimilitarismus.

Schützen in Zürüch auf dem Bahnhof. Unsere Furcht vor dem Losgehn der Gewehre wenn sie laufen.

Plan von Zurück wird gekauft.

Auf einer Brücke hin- und zurück wegen Unentschlossenheit über die zeitliche Aufeinanderfolge von kaltem, warmem Baden und Frühstücken.

Limmatrichtung, Uraniasternwarte.

Hauptverkehrsader, leere Elektrische, Pyramiden von Röllchen im Vordergrund einer Auslage eines italienischen Herrenmodewarengeschäftes

---

nur Künstlerplakate (Kurhotels, Festspiel »Marigagno« von Wiegand, Musik von Jermoli.)

Erweiterungsbau eines Warenhauses. Beste Reklame. Jahrelanges Aufpassen der ganzen Bevölkerung. (Dufayel)

Briefträger als erste Kuttenträger des herankommenden Südens und Westens schauen wie in Nachthemden aus. Kästchen vor sich hergetragen, Briefe geordnet wie die Planeten auf dem Weihnachtsmarkt, hoch gehäuft darüber.

Seeanblick. Starkes Sonntagsgefühl bei der Einbildung hier Bewohner zu sein. Luftreservoir des Sees, nicht zu bebauen. Reiter. Aufgescheuchtes Pferd. Erzieherische Inschrift vielleicht Relief der Rebekka am Brunnen, die Ruhe der Inschrift und des Reliefs über der förmlich stark geblasenen Glasform des fließenden Wassers.

Altstadt: Enge steile Gasse, die ein Mann in blauer Blouse schwer herunterläuft. Über Stiegen.

Erinnerung an das vom Verkehr bedrohte Kloset vor Saint Roche in Paris.

Frühstück im alkoholfreien Restaurant. Butter wie Eidotter. Zürcher Zeitung

---

Großmünster: alt oder neu? Männer gehören an die Seiten. Der Küster weist uns bessere Plätze an. Wir folgen ihm da es in unserer Richtung des Hinausgehns ist. Da er, als wir schon beim Ausgang sind, zu glauben scheint, wir finden diese Plätze nicht kommt er quer durch die Kirche auf uns los. Wir stoßen einander heraus. Viel Lachen.

Max: Verwirrung der Sprachen als Lösung nationaler Schwierigkeiten. Der Chauvinist kennt sich nicht mehr aus.

Bad in Zürich: Nur Männerbad. Einer am andern. Schweizerisch. Mit Blei ausgegossenes Deutsch. Zum Teil keine Kabinen, republikanische Freiheit des Sichausziehens vor seinem Kleiderhaken, ebenso Freiheit des Schwimmeisters mit einer Löschspritze das volle Sonnenbad zu leeren. Dieses Leermachen wird übrigens nicht grundloser gewesen sein, als die Sprache unverständlich ist. Springer: mit auf dem Geländer auseinandergespreizten Füßen springt er erst aufs Sprungbrett und erhöht dadurch den Schwung. – Einrichtung einer Badeanstalt erst bei längerer Benützung zu würdigen. Kein Schwimmunterricht. Irgend ein Naturheilkundiger mit langem Haar benimmt sich einsam. Niedrige Seeufer.

Freikoncert des Officiersverkehrsverein. Unter den Zuhörern ein Schriftsteller mit Begleiter, der in ein mit kleinen Zeilen gefülltes Notizbuch schreibt und nach Beendigung einer Programmnummer von seinem Begleiter fortgezogen wird. Keine Juden. Max: Die Juden haben sich dieses große Geschäft entgehn lassen. Anfang: Bersaglieri Marsch. Ende: Pro patria Marsch. Freikoncerte ihrer selbst wegen gibt es in Prag nicht (Luxembourgpark) nach Max republikanisch, in Paris Militär.

Kellerzimmer versperrt. Verkehrsbureau. Helles Haus hinter dunkler Gasse. Terassenhäuser am r. Ufer der Limmat. Blauweißgeflammte Fensterläden. Langsam gehende Soldaten sind Policisten. Tonhalle. Polytechnikum nicht gesucht und nicht gefunden. Stadthaus. Mittagessen im ersten Stock. Meilener Wein (Sterilisierter Wein frischer Trauben). Eine Kellnerin aus Lucern nennt uns die Züge dahin. Erbsensuppe mit Sago, Bohnen mit geröst. Kart. Citronencrême. – Anständige, kunstgewerbliche Häuser. Abfahrt ca. 3 Uhr nach Luzern um den See. Die leeren, dunklen hügeligen, waldigen Ufer des Zuger Sees in vielen Landzungen. Amerikanischer Anblick. Widerwillen auf der Reise gegen Vergleiche mit noch nicht gesehenen Ländern. Große Panoramen im Luzerner Bahnhof. Rechts vom Bahnhof Skiting-Rink. Wir treten unter die Diener und rufen Rebstock. Ist das Hotel unter den Hotels wie der Diener unter den Dienern? Brücke (nach Max) teilt wie in Zürich See von Fluß. Wo ist die deutsche Bevölkerung, welche die deutschen Aufschriften rechtfertigt? Kursaal. Die sichtbaren Schweizer in Zürich schienen nicht Hoteliertalente zu sein, hier, wo sie es sind, verschwinden sie, vielleicht sind sogar die Hoteliers Franzosen. Die leere Ballonhalle gegenüber. Das Hineingleiten des Luftschiffs schwer vorstellbar. Roller-Rink. Berlinisches Aussehn. Obst. Das Dunkel der Strandpromenade bleibt am Abend abgegrenzt unter den Baumwipfeln. Herren mit Töchtern oder Dirnen. Schaukeln der bis zur untersten scharfen Kante sichtbaren Boote. Lächerliche Empfangsdame im Hotel, lachendes Mädchen führt immerfort weiter hinauf ins Zimmer, ernstes, rotwangiges Stubenmädchen. Kleines Treppenhaus. Versperrter eingemauerter Kasten im Zimmer. Froh, aus dem Zimmer heraus zu sein. Hätte gern Obst genachtmahlt. Gotthard-Hotel, Mädchen in Schweizer Tracht.

Aprikosen Compot Meilener Wein. Zwei ältere Frauen und ein Herr sprechen über das Altern. Entdeckung des Spielsaales in Luzern. 1 fr. Entrée. 2 lange Tische. Wirkliche Sehenswürdigkeiten sind häßlich zu beschreiben, weil es förmlich vor Wartenden geschehen muß. An jedem Tisch ein Ausrufer in der Mitte mit 2 Wächtern nach beiden Seiten hin.

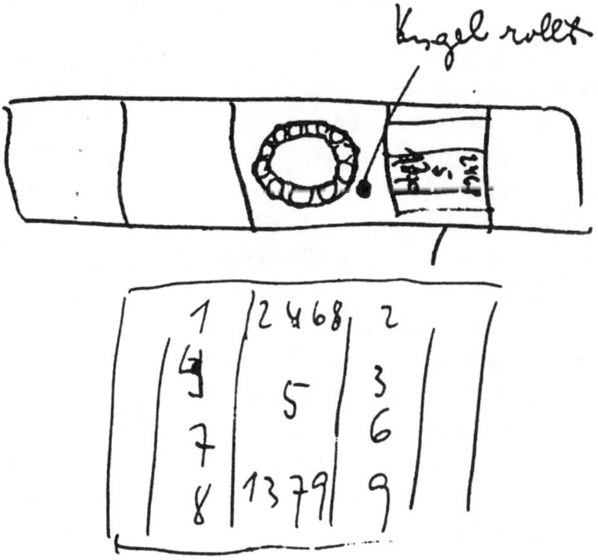

Höchsteinsatz 5 f. »Die Schweizer werden gebeten, den Fremden den Vortritt zu lassen, da das Spiel zur Unterhaltung der Gäste bestimmt ist.« Ein Tisch mit Kugel, einer mit Pferdchen. Croupiers in Kaiserrock. Messieurs faites votre jeu – marquez le jeu – les jeux sont faits – sont marqués – rien ne va plus. Croupiers mit vernickelten Rechen an Holzstangen. Was sie damit können: Ziehn das Geld auf die richtigen Felder, sondern es, ziehn Geld an sich, fangen von ihnen auf die Gewinnfelder geworfenes Geld auf. Einfluß der verschiedenen Croupiers auf Gewinnchancen oder besser der Croupier, bei dem man gewinnt, gefällt einem. Aufregung vor dem gemeinsamen Entschluß zu spielen, man fühlt sich im Saal allein. Das Geld (10 fr) verschwindet auf einer sanft geneigten Ebene. Der Verlust von 10 fr. wird als eine zu schwache Verlockung zum Weiterspielen empfunden, aber doch als Verlockung. Wut über alles. Ausdehnung des Tages durch dieses Spiel.

Montag 28 August ⟨*1911*⟩. Mann in hohen Stiefeln frühstückt an der Wand. Dampfer 2ter Klasse. Luzern am Morgen. Schlechteres Aussehn der Hotels. Ehepaar liest Briefe vom Hause mit Zeitungsausschnitten über Cholera in Italien. Die schönen Wohnsitze nur sichtbar von einer Seefahrt aus, man fährt auch auf ihrem Niveau. Wechselnde Gestalt der Berge. Vitznau Rigibahn. See durch Blätter gesehn, südlicher Eindruck. Überraschung durch die plötzliche Ebene des Zuger Sees. Bouquet mit Rigi, worauf wartet das? Heimatliche Wälder. Bahn 75 erbaut, nachschauen im alten über Land und Meer. Historischer engl. Boden, hier giengen sie noch karriert und mit Favoris. Fernrohr. Jungfrau weit, Rotunde des Mönches, schwankende heiße Luft bewegt das Bild. Hingelegte Handfläche des Titlis. Durchschnittener Brotlaib eines Schneefeldes. Von oben wie von unten falsche Beurteilung der Höhen. Unentschiedener Streit über die schräge oder ebene Lage des Bahnhofes von Arth-Goldau. Table d'hôte. Schwarze Frau ernst, scharfer Mundanfang, schon unten neben dem Waggon gesehn, sitzt in der Halle. Englisches Mädchen bei der Abfahrt, jeder Zahn rings herum gleich. Kleine Französin steigt in das Nebencoupee, erklärt mit ausgestrecktem Arm unser volles Coupee für nicht »komplet« und treibt ihren Vater zum Einsteigen und ihre unschuldig und dirnenhaft aussehende ältere kleine Schwester, die mich mit ihren Elbogen an der Hüfte kitzelt. Mehr mit den Zähnen gesprochenes Englisch der alten Dame rechts von Max, für das man den Namen einer Grafschaft sucht. Fahrt Vitznau-Fluelen. Gersau, Beckenried, Brunnen (lauter Hotels) Schillerstein, Tellplatte, ausgelassenes Rütli, 2

Loggien in der Axenstraße (Max dachte sich hier mehrere, weil man auf Photographien immer diese 2 sieht) Urner Becken, Fluelen. Hotel Sternen.

Dienstag 29. August *⟨1911⟩*

Dieses schöne Zimmer mit Balkon. Die Freundlichkeit. Zu sehr eingesperrt von Bergen. Ein Mann und 2 Mädchen, in Wettermänteln, hintereinander, gehn am Abend durch die Halle mit Bergstöcken, als sie schon alle auf der Treppe sind, werden sie durch eine Frage des Zimmermädchens aufgehalten. Sie danken, sie wissen schon Bescheid. Auf eine weitere Frage über ihre Bergpartie. Es war aber auch nicht so leicht, das kann ich Ihnen sagen. In der Halle schienen sie mir aus Miss Dudelsack, auf der Treppe Max aus Ibsen, mir dann auch. Vergessener Gucker. Auf der Bahn erfährt man daß sogar eine alte Dame nach Genua fährt. Jungen mit Schweizer Fahne. Seebad im Vierwaldstätter See. Ehepaar. Rettungsring. Spaziergänger auf der Axenstraße. Schönstes Bad, weil man sich selbständig einrichten konnte. Fischerinnen in weißgelbem Kleid. Einsteigen in die Gotthardbahn. Reuß. Milchgemischtes Wasser unserer Flüsse. Die ungarische Blume. Die dicken Lippen. Exotische Linie vom Rücken zum Hintern. Der schöne Mann dort bei den Ungarn. Bespuckt in Italien den Boden mit Weintraubenschalen, die aber dem Süden zu verschwinden. Jesuitengeneral auf dem Bahnhof in Göschenen. Plötzliches Italien, hingeworfene Tische vor den Osterien, ein junger Mann in allen Farben, der sich nicht halten konnte, Handbewegungen der Abschied nehmenden Frauen (Nachahmung einer Art Zwickens), schwarze hochgekämmte zur Seite eines Bahnhofes, hellrosa Häuser, verwischte Aufschriften. Später verschwindet das Italienische oder der Schweizer Kern tritt vor. Frauen in den Bahnwächterhäuschen, erinnert an Kampf. Tessinfälle, ruckweise Fälle überall. Deutsches Lugano. Lärmende Palästra. Post neu gebaut. Hotel Belvedere. Koncert im Kurhaus. Kein Obst.

30. August. Von 4^{h} bis 11^{h} Nachts mit Max an einem Tisch, zuerst im Garten, dann im Lesezimmer, dann in meinem Zimmer. Vormittag war Bad, Post.

31. August. Uhrzeigerhaftes Auftauchen der Schneeberge auf dem Rigi –

Freitag 1. IX. 11. Abfahrt 10_{15} von place Guglielmo Tell. – Schablonenhafte Analogie des Rücksitzes im Wagen und im Schiff. Gerüst für Tuchbespannung auf den Booten wie bei Milchwagen – Jede Schiffslandung ein Angriff.

Fahrt ohne Gepäck, Hand frei um den Kopf zu halten – Gandria ein Haus hinter dem andern aufgesteckt, Loggien mit farbigen Tüchern, keine Vogelperspektive, Gassen und keine Gassen – S. Margeritha mit Springbrunnen auf der Landungsstelle. Villa mit 12 Cypressen bei Oria.

Balkoneingang im Hemd – Man kann und wagt sich in Oria ein Haus nicht vorzustellen, dessen Front eine Terasse mit griechischen Säulen hat – ausgebrannte Häuser nur im Brand richtig –

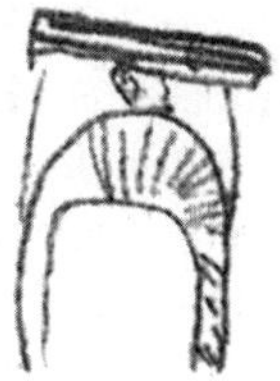

Mamette: mittelalterl. Zauberhut auf einem Glockenturm – Esel u. dem Laubengang früher eine Hafenplatzseite entlang – am Vierwaldstättersee hat man zu viel an sich gedacht – Osteno – Der Geistliche in Damengesellschaft

Besondere Unverständlichkeit der Ausrufe. Bei Sätzen kann das Unverständnis drin herumkriechen. Kind im Fenster hinter dem Pissoirtunnel. Kitzelnder Anblick der Eidechsenbewegung an einer Mauer – Fallendes Haar der Psyche – Auf Rädern vorüberfahrende Soldaten und als Matrosen verkleidete Diener der Hotels – Bad zwischen Cadenabbia. Im Wagen Vorüberfahrende zeigen einander die ital. Jungen. Zurückweichen nach der Landung vor der Abfahrt

---

Carlotta – Ilex Stein Eiche abgezogene Haut von kleinen Tieren – Passiflora physikalisches Balancierkunststück – Bambus – mit Greisenscalps umwickelte Palmenstämme – Bux (Myrthe) Aloe (Doppelsäge) Ceder (eine von ihren Ästen umquirlte Lärche) hängende schlaffe ausgeläutete Glocken (Fuchsien) Jubäa (Nashornstamm) Platane – Kakteen Magnolien (unzerreißbare Blätter) Australische Farren (Palmen) – Myrthe (zarter Bux) – Zarter Lorbeer Kuppelförmiger Rododendr. Eukalyptus – entblößter Muskelstamm – Citronen Papyrus dreikantiger Schaft oben binsenförmig sich selbst umschlingende Glycinie – riesige Platane – Banane

---

Kinder auf der Landungsbrücke in Menaggio, Vater, der auf ihre Kinder stolze Körper der Frau

---

Staatsmann mit halboffenem Mund (Villa Carlota)

Französin mit der Stimme meiner Tante und Strohsonnenschirm mit zerfaserter dichter Umrandung schreibt in ein kleines Notizbuch über montagne u.s.w. – schwarzer Mann im Boot in der Umrahmung der Reifen stehend über die Ruder gebeugt. Zollbeamte überschaut und durchkramt rasch ein Körbchen, als sei alles ein Geschenk für ihn. – Italiener im Zug Porlezza Menaggio. Jedes an einen gerichtete italienische Wort dringt in den großen Raum der eigenen Unkenntnis und beschäftigt daher ob verstanden oder unverstanden durch lange Zeit. Das eigene unsichere Italien. kann sich gegenüber der Sicherheit des Italieners nicht halten und wird ob verstanden oder nicht verstanden leicht überhört. – Witz des rückfahrenden Zuges vor Menaggio hübscher Gesprächsstoff – Bootshäuser aus Stein mit Terassen und Schmuck jenseits der Straße vor den Villen – Große Geschäfte mit Altertümern. – Bootsführer: peu de commerce – Zollkutter (Erzählung von Kapitän Nemo und Reise durch die Sonnenwelt). –

2 September ⟨*1911*⟩. Samstag

Zittern des Gesichts im kleinen Dampfer – geschürzte Vorhänge (braun mit weißer Randzeichnung) vor den Läden (Cadenabbia) – Bienen im Honig – einsame verdrießliche Frau mit kurzem Oberleib Sprachlehrerin – korrekter Herr mit hochgezogenen Hosen. Seine Unterarme schweben über dem Tisch, als umfaßten die Hände statt Messer- und Gabelgriff das Ende einer Lehne. – Hört den Wirt an – Bein an Bein – Kinder im Anblick der schwachen Raketen: encore un – Zischen – Armeaufstrecken – Schlechte Fahrt im kleinen Dampfer. Mitbeteiligung an der Bewegung zu groß – zu wenig hoch, um die frische Luft zu spüren und die Gegend frei zu überblicken – der Lage der Heizer angenähert – Bad zwischen Cassagnola und Gandria auf von uns erbauten Sitzen – Vorbeiziehende Gruppe, Mann Kuh und Frau. Sie erzählt. Schwarzer Turban, loses Kleid. – Herzklopfen der Eidechsen – Aufwand von Energie eines Herrn: spätes Servieren im Lesezimmer, gleichzeitig Bier, Wein, Fernet branca, Ansichtskarten, leichtes Seufzen – Kleiner Junge des Wirtes streckt mir, ohne daß ich früher mit ihm gesprochen hätte, auf Ermahnung seiner Mutter den Mund zum Gutenachtkuß hin. Hat mir geschmeckt – Gandria statt Gassen Kellertreppen und Kellerkorridore – ein Junge wird geschlagen, dumpfer Klang geklopfter Betten – von Epheu überwachsenes, am Rand mit Epheu bespritztes Haus – in Gandria Nätherin am Fenster ohne Jalousien, Vorhänge und Scheiben – Wir stützen einander auf dem Weg vom Badeplatz nach Gandria, so müde sind wir – feierlicher Zug von Booten hinter einem kleinen schwarzen Dampfer – junge Herrn in Betrachtung von Bildern kniend hockend auf dem Landungssteg in Gandria, einer ganz weiß, als Mädchenfreund und Lustigmacher uns wohl bekannt – In Porlezza am Abend auf dem Quai. – Ein schon vergessener Franzose mit Vollbart bringt beim Wilhelm Tell Denkmal seine Merkwürdigkeit wieder in Erinnerung – Dieses Denkmal mit Ausflußrohr einer Küchenwasserleitung, Messing aus Stein

3 September ⟨*1911*⟩ Sonntag

Ein Deutscher mit Goldzahn, an dem sich ein Beschreiber auch bei sonstiger Unklarheit des Eindrucks festhalten kann, bekommt um ¾12 noch eine Eintrittskarte in die Schwimmanstalt, trotzdem sie um 12 gesperrt, worauf ihn gleich im Innern der Schwimmeister in unverständlichem, daher etwas strengen Italienisch aufmerksam macht. Durch dieses Italienisch auch innerhalb seiner Muttersprache verwirrt fragt der Deutsche staunend warum man ihm dann eine Fahrkarte bei der Kassa verkauft habe und beklagt sich daß man ihm eine Fahrkarte verkauft hat und führt an, man hätte ihm keine Fahrkarte mehr verkaufen dürfen. Aus der italienischen Antwort hört man durch, daß er ja noch fast eine ¼ Stunde zum Baden und Anziehn Zeit habe. Thränen geweint. – Auf dem Faß im See gesessen. – Hotel Belvedere »Alle Anerkennung dem Wirt, aber das Essen miserabel«

4 September ⟨*1911*⟩ Cholerainformationen: Verkehrsbureau, Corriere della Sera, Norddeutscher Lloyd, Berliner Tageblatt, Stubenmädchen bringt Informationen eines Berliner Arztes, je

nach der Gruppierung und dem eigenen körperlichen Zustand ändert sich der durchschnittliche Charakter dieser Nachrichten, bei der Abfahrt von Lugano nach Porte Ceresio 1·05 ist er ziemlich günstig. – Flüchtige Begeisterung für Paris, im Wind der den vor uns gehaltenen Excelsior vom 3 Sept. 11 bläht, mit dem wir zu einer Bank laufen. – Auf der Brücke über den Luganosee sind noch einige Plätze für Reklametafeln zu vermieten. –

---

ad Freitag die 3 Kerle treiben uns von der Schiffspitze weil vielleicht der Steuermann freien Ausblick auf das Licht vorn haben muß, schieben dann aber eine Bank heran und setzen sich selbst – Ich hatte gern gesungen.

Freitag ⟨*1. September 1911*⟩

Unter den Augen des Italieners, der uns zur Reise nach Turin (Ausstellung) räth und dem wir zunicken, durch Handschlag bekräftigter gemeinsamer Entschluß um keinen Preis nach Turin zu fahren – Lob der reducierten Karten. Radfahrer macht Rundfahrten auf der Seeterasse eines Hauses in P. Ceresio – Peitsche die statt des Riemens nur ein kleines Schwänzchen aus Roßhaar hat – Fahrender Radfahrer hält ein neben ihm trabendes Pferd an einem Strick

Mailand: Führer in einem Geschäft vergessen. Zurückgegangen u. gestohlen – im Hofe der Mercanti Apfelstrudel gegessen – Gesundheitskuchen – Theatro Fossati – Alle Hüte und Fächer in Bewegung – Lachen eines Kindes in der Höhe – Programm verklebt durch einen Reklamezettel – eine ältere Dame im Männerorchester – Poltrone – Ingresso – Orchester in einer Ebene mit dem Zuschauerraum – Reklame von Lancia aufgenommen in die Plafonddekoration eines Salons – alle Fenster der Rückwand offen – großer starker Schauspieler mit zart getupften Nasenlöchern, deren Schwarz auffallend bestehen bleibt, wenn auch die Ränder des zurückgebogenen Gesichtes im Licht verschwimmen – Mädchen mit hohem dünnen Hals läuft mit kurzen Schritten und steifen Ellenbogen aus dem Zimmer und läßt die zum hohen Halse passenden hohen Stöckel ahnen. Überschätzung des Lachens, denn vom nichtverstehenden Ernstsein zum Lachen ist es weiter als vom eingeweihten Ernstsein – Bedeutung jedes Möbelstückes – 5 Türen in beiden Stücken für jeden Fall – Nase und Mund eines Mädchens niedergeleuchtet von den gemalten Augen. – Herr in der Loge öffnet beim Lachen den Mund bis zu einem rückwärtigen Goldzahn, der dann den Mund ein Weilchen so offen hält. Auf andere Weise nicht zu erreichende Einheit zwischen Bühne und Zuschauerraum, wie es jene ist, die sich für und gegen den Zuschauer bildet, der die Sprache nicht versteht

---

– Junge Italienerin mit sonst jüdischem Gesicht das sich im Profil ins Unjüdische verschiebt – Wie sie aufstand die Hände zur Brüstung vorstreckte und nur der schmale Körper zu sehen war ohne die Verbreiterung der Arme und Schultern, wie sie zu den Fensterpfosten die Arme ausbreitete, wie sie sich mit beiden Händen an einem Pfosten festhielt im Zugswind wie an einem Baum. – Sie las eine Detektivbrochure, um die sie ihr kleiner Bruder lange umsonst gebeten hat. – Ihr Vater nebenan mit scharf gekrümmter Nase während ihre an der gleichen Stelle eben sanft darum jüdischer gebogen war – sie sah mich öfters an, aus Neugierde ob ich mit meinem lästigen Hinsehn nicht doch endlich aufhören möchte – ihr Kleid aus Rohseide – dicke große duftende Dame neben mir die ihr Parfum mit dem Fächer in der Luft verteilt – ihr vieles Fleisch hält es im flachen Fuß nicht aus und steigt gleich hinter den Zehen in die Höhe – ich fühle mich neben ihr eintrocknen – im Gepäckraum hat der Blechschirm der Gasflamme die Form eines flachen Mädchenhutes – unterhaltend verschiedene Gitter in den Häusern – unter den Bogen der Einfahrt zur Skala haben wir sie gesucht und waren gegenüber ihrer einfachen abgekratzten Fassade über diesen Irrtum auch dann nicht erstaunt als wir auf den Platz hinaustraten – wachsende Billigung des sich ins Innere der Stadt hin steigernden Verkehrs bis man auf dem Domplatz nichts sieht als langsam das Denkmal Vittorio Emanuels umfahrende Elektrische, sich abwendet und ein Hotel sucht – Freude über die Verbindung zwischen den 2 Zimmern, die durch eine Doppeltür hergestellt ist. Jeder kann eine Tür öffnen. Max hält dies auch für Ehepaare passend. – Zuerst einen Gedanken niederschreiben, dann vorlesen, nicht vorlesend schreiben, da dann nur der im Innern vollzogene Anlauf gelingt, während das weiter noch zu schreibende sich losmacht. – Gespräch über Scheintod und Herzstich an einem Kaffeehaustischchen auf dem Domplatz. Mahler hat auch den Herzstich verlangt. Die beabsichtigte Zeit des Aufenthaltes in Mailand schrumpft unter diesem Gespräch trotz eines kleinen Widerstandes von meiner Seite sehr zusammen. – Der Dom belästigt mit seinen vielen Spitzen. – Entwicklung des Entschlusses nach Paris zu fahren: der Augenblick in Lugano über dem Excelsior, Reise nach Mailand infolge des nicht ganz freiwilligen Einkaufes der Karten nach Mailand über Porte Ceresio, von Mailand nach Paris aus Angst vor der Cholera und aus dem Verlangen nach Belohnung für diese Angst. Überdies Berechnung der financiellen und zeitlichen Vorteile dieser Reise

I Rimini – Ostende – Genua Nervi (Prag)

II Oberital. Seen, Mailand (Prag) Genua (Schwanken zwischen Locarno u. Lugano)

III Maggiore auslassen, Lugano Mailand, Städtereise bis Bologna

IV in (Lugano) Lugano – Paris

V Lugano – Mailand (mehrere Tage) – Maggiore

VI in Mailand: direkt nach Paris (ev. Fontainebleau)

VII ausgestiegen in Stresa damit bekommt die Reise zum erstenmal einen guten Rückblick und Vorblick, sie ist ausgewachsen und wird deshalb um die Taille gefaßt – so klein wie in der Galerie habe ich Menschen niemals gesehen – Max behauptet, die Galerie sei nur so hoch, als man auch im Freien Häuser sieht, ich leugne es mit einem vergessenen Einwand, wie ich mich überhaupt immer für diese Gallerie einsetzen werde. – Sie hat fast keinen überflüssigen Schmuck, hält den Blick nicht auf, scheint infolgedessen sowie auch infolge ihrer Höhe kurz, erträgt aber auch das – sie bildet ein Kreuz, durch das die Luft frei weht – vom Dach des Domes aus scheinen die Menschen gegenüber der Gallerie größer geworden – ich kann mich mit der Gallerie vollständig darüber trösten, daß ich die alt-römischen Überbleibsel nicht gesehen habe –

Transparente Überschrift in der Tiefe des Flurs über dem Bordell: Al vero Eden. Starker Verkehr mit der Gasse meist durch Einzelne. Hin- und Her in den schmalen Gassen der Umgebung. Sie sind rein, haben trotz ihrer Schmalheit mehrere Bürgersteige, einmal sehn wir aus einer schmalen Gasse in einer andern rechtwinklig einbiegenden im letzten Stockwerk eines Hauses eine Frau am Fenstergitter lehnen – Ich war damals zu allem leicht entschlossen und fühlte wie immer in solcher Laune meinen Körper schwerer geworden. – Die Mädchen sprachen ihr Französisch wie Jungfrauen. – Mailänder Bier riecht wie Bier, schmeckt wie Wein. – Max bedauert Geschriebenes nur während des Schreibens, später niemals

---

Max führt aus Angst eine Katze im Lesezimmer spazieren.

Das Mädchen, dessen Bauch im Sitzen über und zwischen den auseinander gereckten Beinen unter dem durchscheinenden Kleid zweifellos unförmlich war, während er als sie aufstand sich zerzog wie eine Teaterdekoration hinter Schleiern und einen schließlich erträglichen Mädchenleib bildete. Die Französin, deren Süßigkeit für den abschließenden Blick sich vor allem in den runden und doch detaillierten, plauderhaften und anhänglichen

Knien zeigte – Eine befehlshaberische Denkmalsfigur, die das eben verdiente Geld in den Strumpf schiebt. – Der Greis, der auf einem Knie die beiden Hände übereinander legt. – Die bei der Tür, deren böses Gesicht spanisch, deren Einlegen der Hände in die Hüften spanisch ist und die sich in einem miederartigen Kleid aus Preservativseide streckt. Die Haare wandern ihr dicht vom Nabel zur Scham. – Bei uns entfremden die deutschen Mädchen in den Bordellen ihre Gäste auf ein Weilchen ihrer Nation, hier tun es die französischen. Vielleicht ungenügende Kenntnis dieser heimischen Verhältnisse. – Bestrafte Leidenschaft für Eisgetränke: 1 Grenadine, 2 Aranciata im Teater, 1 im Bar am Corso Emanuele, 1 sorbet im Kaffeehaus in der Gallerie, 1 französisches Mineralwasser Thierry, das mit einemmal die Wirkungen alles frühern enthüllt, trauriges Schlafengehn im Anblick eines stark italienischen weitgreifenden Prospektes vom Bett aus, der durch ein etwas vorspringendes Fenster einer Seitenfront erzeugt wird, trostloses Erwachen mit dem trockenen Druck gegen alle Rachenwände. – Gar nicht beamtenmäßige Eleganz der Wachleute, wenn sie die ausgezogenen Zwirnhandschuhe in der einen Hand, das Stöckchen in der andern einen Dienstweg machen. – Dirnen gelaufen auf dem Domplatz und in der Gallerie – Entschuldigung bei Max wegen des Bordells am Morgen

<u>5 Sept.</u> ⟨*1911*⟩

Banca Commerciale auf dem Skalaplatz – Brief von zuhause. – Ziemlicher Stuhl. – Karte an den Chef: »Mit dieser und noch mit einer zweiten Karte suche ich Ihnen mit it. Marken zu dienen und erlaube mir unter diesem Vorwand Sie herzlich zu grüßen« – Staunender Eintritt in den Dom zwischen Portieren, braun wie in Cadenabbia. – Verlangen ein Architekturbild des Doms zu liefern, weil der Dom rund herum eine reine Darstellung der Architektur ist, im größten Teil keine Bänke, wenig Standbilder an den Säulen, wenige und immer dunkle Bilder an den fernen Wänden hat und die einzelnen Besucher auf den Bodenplatten als

Maßstäbe seiner Größe aufgestellt sind oder als Maßstäbe seiner Ausdehnung sich bewegen. – Erhaben, aber viel zu rasch an die Gallerie erinnert. – Unverantwortlich ohne Notizen zu reisen, selbst zu leben. Das tötliche Gefühl des gleichförmigen Vergehens der Tage ist unmöglich. – Aufstieg zum Domdach. Ein vorausgehender junger Italiener erleichtert uns den Aufstieg indem er eine Melodie summt, den Rock auszuziehn versucht, durch Ritzen schaut, durch die nur Sonnendunst zu sehen ist und immer auf die Ziffern tippt, welche die Stufenanzahl anzeigen. – Ausblick von der vordem Dachgalerie. Der Mechanismus der Elektr. unten ist etwas verdorben, so schwach rollen sie, nur durch die Biegung der Geleise geführt. Ein Schaffner eilt schief und niedergedrückt von unserem Standpunkt aus gesehn, zu seiner Elektr. und springt auf. – Ein Wasserspeier in Mannsgestalt, dem Wirbelsäule und Gehirn herausgenommen, damit das Regenwasser einen Weg hat. – In jedem der großen farbigen Fenster herrscht die in den Einzelbildern immer wiederkehrende Farbe eines Kleides vor. – Max: Bahnhof in der Auslage eines Spielzeuggeschäftes, Schienen, die sich zum Kreis schließen und nirgends hinführen, ist und bleibt der stärkste Eindruck von Mailand. In der Auslage wäre die Zusammenstellung des Bahnhofs mit dem Dom durch das Streben die Mannigfaltigkeit des Lagers zu zeigen, erklärlich. – Von der Hinterfront des Doms schaut man einer großen Dachuhr gerade ins Gesicht. – Max: Weg zum Kastell durch dessen Anblick erspart. – Teatro Fossati – Fahrt nach Stresa. Die Reliefbewegungen der im gefüllten Coupé Schlafenden – Liebespaar

Nachmittag in Stresa, Mittw. 6 Sept. Böswerden, abend Erfindungen u. Hotels. Donnerst. 7 Sept. Bad, Briefe, Abfahrt. – Schlaf in der Öffentlichkeit – Freitag 8 Sept. Reise Italienerpaar, angebliche Frau Salus – Geistlicher – Amerikaner – die 2 kleinen Französinnen mit viel Fleisch um den Popo, Montreux

Exkurs: Reise-Literatur

Das Buchprojekt »Billig«

Ein Millionenunternehmen.

Billig durch Italien, Billig durch die Schweiz, Billig in Paris – Billig durch die Böhmischen Kurorte und in Prag.

In alle Sprachen übersetzbar.

Motto: Nur Mut.

Unser demokratisches Zeitalter hat gewissermaßen unbemerkt alle Bedingungen für ein leichtes und allgemeines Reisen schon ausgebildet. Diese zu sammeln und systematisch bekannt zu machen ist unsere Aufgabe. – Bisher praktische Erkundigungen und praktische Ratschläge (Berliner Tageblatt) bei Freunden. Vereinzelt, zufällig, bald vergessen – das wenige sehr nützlich, wie sich jeder erinnern wird. In den Führern erstaunlich wenig hierüber. Ein schwacher Ansatz ist der * bei Bädeker und die Bemerkung »gelobt« – oft enttäuschend.

Was heißt »billig«. – Viele Nüancen. Wir grenzen ab gegen die Palasthotels und den protzigen unbeholfenen Mittelstand. – Auch nach unten. – Wir wenden uns an die, die das Reisen irrtümlich oder, weil schlecht beraten, für zu kostspielig halten und in den (an sich schönen, aber schon bekannten) Umgebungen der Heimatstädte bleiben. Wir wollen so billige Aufenthalte wie diese Sommerfrischen in der ganzen Welt nachweisen – eventuell auch noch die Reise einkalkulieren.

Auch jene, die eine Reise wagen und denen das Rechnen, Kalkulieren das Reisen verdirbt – und (pardon!) jene, die hineinfallen. – Das zufällige Hineinfallen ist bisher als ständiger Faktor zu rechnen gewesen, dem Lande oft zugeschrieben. Italien, Paris. So heben wir auch den Ruf der Länder. – Verständigung der Nationen.

Erzieherisches Moment der Energie für die ganze Person.

Betrogen werden nur schlecht orientierte Reisende.

Derselbe Genuß um weniger Geld. Consommation im Monico.

II

Exaktheit, Begrenztheit. Die Wahl soll erspart werden. – Eine Route zu 400, 500 Francs u. s. f.

Prinzip der Gesellschaftsreisen, aber solo. Vergleich mit Selbstunterrichtsbriefen.

Keine Gesammtgeographie, sondern Routen.

Wir nennen nur *ein* Hotel, falls dies besetzt in absteigender Reihenfolge andere.

Falls Tramway, nennen wir nicht die Droschke.

Wir empfehlen eine präzise Zeit zur Reise.

Ebenso einfach: Ärzte, ...

Nicht rasch oder langsam Reisende, sondern eine bestimmte Mittelgruppe. Abweichungen sind leichter möglich, da immer an ein Praecises angeschlossen werden kann.

Genaue Trinkgelder.

Nicht pedantisch: wir raten z. B. zum Trinkgeld an Bademeister – Fernrohr auf dem Rigi –

Zu den Routen: nichts wiederholt sich. Nur eine Drahtseilbahn, aber die Beste! –

Auszug aus dem Eisenbahnkourier.

Was auf die Reise mitnehmen?

III

Wir bringen mehr. Der kurze »Allgemeine Teil« in andern Führern.

Kleidung.

Bordelle. Vor Bauernfängern bewahrt. (N. B. Charakter der Offenheit in unserm Führer.)

Reiseandenken.

Billige Einkäufe z. B. Seide in Italien; Ananas, Madeleines, Austern in Paris.

Keine Angst vor falschem Geld.

Freikonzerte.

Einkalkulierung billiger Tage (Gemäldegallerie) nach teuren Fahrten.

Wo bekommt man Freikarten wie ein Einheimischer.

Dampfer zweiter Klasse.

Keine Angst vor der 3. Klasse in Italien. Volkscharakter.

Reform der Karten und Pläne?

Erklärung der Spielsäle, Verluste.

Gratis-Pläne der Verkehrsbüros, ihre Kritik in unserem Führer, das andere kann man glauben.

ad III.

Was an Regentagen zu machen ist. Eventuell am letzten Tag.

Bildergallerie, am billigen Tag. Nur wenige wichtige Bilder.

Diese aber gründlich (Kunstwart-Art) volkserzieherisch.

Billige gute Plätze in den Theatern, sonst nur den Habitués bekannt.

Aussteigen auf dem Dampfer.

IV

Controlle der empfohlenen Hotels durch eine Organisation.

Wir übernehmen die Instruktion der Autoren, die Durchsicht ihrer Elaborate, Stichproben.

N.B. Wie ist Baedeker organisiert?

Flugblätter zu 10 Pfennig, jedes 2. Jahr etwa, 5 Bons in den Büchern.

Warnung vor Ansichtskarten, Beschränkung auf die 12 beigelegten. (?)

V

Sprachführer aus dem Grunde, weil durch die Kenntnis der Sprache viel Geld erspart wird.

Ausgabe mit und ohne Führer, für die, welche die Sprache kennen.

Unser Prinzip: es ist unmöglich, eine Sprache vollständig zu erlernen. Man muß sich daher mit derjenigen Stufe begnügen, welche am wenigsten Mühe macht und doch genügt. Besser genügt als schlechtes Sprechen der gründlich studierten Sprache und Nachdenken über Regeln. – Nebeneinanderstellung der Infinitive. – 200 Vokabeln. – Eine Art Esperanto. – Zeichensprache in Italien. – Aussprache gründlich – Weiterlernen nicht behindert. – Französisch von uns. – Das Wichtigste über den Schweizer Dialekt.

Man kauft sich einen »Billig«.

VI

Ausstattung.

»Album der städtischen Sehenswürdigkeiten«

»Du bist Josef K.«, sagte der Geistliche und erhob eine Hand auf der Brüstung in einer unbestimmten Bewegung. »Ja«, sagte K., er dachte daran wie offen er früher immer seinen Namen genannt hatte, seit einiger Zeit war er ihm eine Last, auch kannten jetzt seinen Namen Leute, mit denen er zum ersten Mal zusammenkam, wie schön war es sich zuerst vorzustellen und dann erst gekannt zu werden. »Du bist angeklagt«, sagte der Geistliche besonders leise. »Ja«, sagte K., »man hat mich davon verständigt.« »Dann bist Du der, den ich suche«, sagte der Geistliche. »Ich bin der Gefängniskaplan.« »Ach so«, sagte K. »Ich habe Dich hierherrufen lassen«, sagte der Geistliche, »um mit Dir zu sprechen.« »Ich wußte es nicht«, sagte K. »Ich bin hierhergekommen, um einem Italiener den Dom zu zeigen.« »Laß das Nebensächliche«, sagte der Geistliche. »Was hältst Du in der Hand? Ist es ein Gebetbuch?« »Nein«, antwortete K., »es ist ein Album der städtischen Sehenswürdigkeiten.« »Leg es aus der Hand«, sagte der Geistliche. K. warf es so heftig weg, daß es aufklappte und mit zerdrückten Blättern ein Stück über den Boden schleifte.

Erstes Kapitel des Buches »Richard und Samuel«

Unter dem Titel *»Richard und Samuel – Eine kleine Reise durch mitteleuropäische Gegenden«*, wird ein Bändchen die parallelen Reisetagebücher zweier Freunde verschiedenartigen Charakters enthalten.

Samuel ist ein weltläufiger junger Mann, der mit vielem Ernst sich Kenntnisse im großen Stil und ein richtiges Urteil über alle Gegenstände des Lebens und der Kunst zu bilden bestrebt ist, ohne doch jemals nüchtern oder gar pedantisch zu werden. Richard hat keinen bestimmten Interessekreis, läßt sich von rätselhaften Gefühlen, noch mehr von seiner Schwäche treiben, zeigt aber in seinem engen und zufälligen Kreise so viel Intensität und naive Selbstständigkeit, daß er nie zu schrullenhafter Komik ausartet. Dem Berufe nach ist Samuel Sekretär eines Kunstvereines, Richard Bankbeamter. Richard hat Vermögen, arbeitet nur, weil er sich nicht für fähig hält, freie Tage zu ertragen; Samuel muß von seiner (überdies erfolgreichen und sehr geschätzten) Arbeit leben.

Die beiden, obwohl Schulkollegen, sind während dieser beschriebenen Reise zum erstenmal andauernd mit einander allein. Sie schätzen einander, obwohl sie einander unbegreiflich erscheinen. Anziehung und Abstoßung wird vielartig gefühlt. Es wird beschrieben, wie sich dieses Verhältnis zunächst zu überhitzter Intimität anstachelt, dann nach manchen Zwischenfällen auf dem gefährlichen Boden von Mailand und Paris in männliches Verständnis gegenseitig beruhigt und ganz befestigt. Die Reise schließt damit, daß die beiden Freunde ihre Fähigkeiten zu einem neuen eigenartigen Kunstunternehmen vereinigen.

Die vielen Nüancen, deren Freundschaftsbeziehungen zwischen Männern fähig sind, darzustellen und zugleich die bereisten Länder durch eine widerspruchsvolle Doppelbeleuchtung in einer Frische und Bedeutung sehn zu lassen, wie sie oft mit Unrecht nur exotischen Gegenden zugeschrieben werden: ist der Sinn dieses Buches.

Die erste lange Eisenbahnfahrt (Prag – Zürich)

Samuel: Abfahrt 26. VIII. 1911 Mittag 1 Uhr 2 Min.

Richard: Beim Anblick Samuels, der in seinen bekannten winzigen Taschenkalender etwas Kurzes einträgt, habe ich wieder die alte schöne Idee, jeder von uns solle ein Tagebuch über diese Reise führen. Ich sage es ihm. Er lehnt zuerst ab, dann stimmt er zu, er begründet beides, ich verstehe es beidemal nur oberflächlich, aber das macht nichts, wenn wir nur Tagebücher führen werden. – Jetzt lacht er schon wieder über mein Notizbuch, welches allerdings, in Glanzleinen schwarz eingebunden, neu, sehr groß, quadratisch, eher einem Schulheft ähnelt. Ich sehe voraus, daß es schwer und jedenfalls lästig sein wird, dieses Heft während der ganzen Reise in der Tasche zu tragen. Übrigens kann ich mir auch in Zürich mit ihm zugleich ein praktisches kaufen. Er hat auch eine Füllfeder. Ich werde mir sie hie und da ausborgen.

Samuel: In einer Station unserem Fenster gegenüber ein Waggon mit Bäuerinnen. Im Schoße einer, die lacht, schläft eine. Aufwachend winkt sie uns, unanständig in ihrem Halbschlaf: »Komm«. Als verspotte sie uns, weil wir nicht hinüberkönnen. Im Nebenkoupee eine dunkle, heroische, ganz unbeweglich. Den Kopf tief zurückgelehnt schaut sie entlang der Scheibe hinaus. Delphische Sibylle.

Richard: Aber was mir nicht gefällt, ist sein anknüpferischer, fälschlich Vertrautheit vorgebender, fast liebedienerischer Gruß an die Bäuerinnen. Nun setzt sich gar der Zug in Bewegung und Samuel bleibt mit seinem zu groß angefangenen Lächeln und Mützeschwenken allein. – Übertreibe ich nicht? – Samuel liest mir seine erste Bemerkung vor, sie macht auf mich einen großen Eindruck. Ich hätte auf die Bäuerinnen mehr Acht geben sollen. – Der Kondukteur fragt, übrigens sehr undeutlich, als hätte er es mit lauter Leuten zu tun, die diese Strecke schon oft gefahren sind, ob jemand für Pilsen Kaffee bestellen wolle. Bestellt man, so klebt er einen schmalen grünen Zettel für jede Portion ans Koupeefenster, so wie in Misdroy ehemals, so lange es keine

Landungsbrücke gab, der ferne Dampfer durch Wimpel die Zahl der Boote, die zum Ausbooten benötigt wurden, anzeigte. Samuel kennt Misdroy gar nicht. Schade, daß ich nicht mit ihm dort war. Es war damals sehr schön. Diesmal wird es auch wunderbar schön werden. Die Fahrt ist zu schnell, es vergeht zu rasch; die Begierde nach weiten Reisen, die ich jetzt habe! – Welch ein altertümlicher Vergleich ist der obige, da seit fünf Jahren der Landungssteg in Misdroy steht. – Der Kaffee in Pilsen auf dem Perron. Man muß ihn mit Zettel nicht nehmen und bekommt ihn auch ohne.

Samuel: Vom Perron aus sehn wir ein fremdes Mädchen aus unserem Koupee herausschauen, die spätere Dora Lippert. Hübsch, dicknasig, kleiner Halsausschnitt in weißer Spitzenbluse. Erste gemeinschaftliche Tatsache bei der Weiterfahrt: ihr großer Hut in seiner Papierhülle schwebt aus dem Gepäcknetz leicht auf meinen Kopf herab. – Wir erfahren, daß sie die Tochter eines nach Innsbruck versetzten Offiziers ist und zu ihren Eltern fährt, die sie schon so lange nicht gesehn hat. Sie arbeitet in einem technischen Bureau in Pilsen, den ganzen Tag, hat sehr viel zu tun, aber es macht ihr Freude, sie ist sehr zufrieden mit ihrem Leben. Im Bureau heißt sie: unser Nesthäkchen, unsere kleine Schwalbe. Sie ist dort unter lauter Männern, die jüngste. O es ist lustig im Bureau! Man verwechselt die Hüte in der Garderobe, nagelt die Zehnuhrkipfel an oder klebt einem den Federstiel mit Gummiarabicum an die Schreibmappe. Wir selbst haben Gelegenheit an einem solchen »tadellosen« Witz mitzuwirken. Sie schreibt nämlich eine Karte an ihre Bureaukollegen, in der es heißt: »Das Vorausgesagte ist leider eingetroffen. Ich bin in einen falschen Zug eingestiegen und befinde mich jetzt in Zürich. Herzliche Grüße.« Wir sollen diese Karte in Zürich aufgeben. Sie erwartet aber von uns als »Ehrenmännern«, daß wir nichts dazuschreiben. Im Bureau wird man natürlich Sorge haben, telegraphieren und Gott weiß, was noch. – Sie ist Wagnerianerin, fehlt bei keiner Wagnervorstellung, »diese Kurz neulich als Isolde«, auch den Briefwechsel Wagners mit der Wesendonck liest sie eben, sie nimmt ihn sogar nach Innsbruck mit, ein Herr, natürlich jener, der ihr die Klavierauszüge vorspielt, hat ihr das Buch geborgt. Sie selbst hat leider wenig Talent zum Klavierspiel, wir wissen es aber schon seitdem sie uns einige Leitmotive vorgesummt hat. – Sie sammelt Chokoladenpapier, aus dem sie eine große Staniolkugel macht, die sie auch mit hat. Diese Kugel ist für eine Freundin bestimmt, weiterer Zweck unbekannt. Sie sammelt aber auch Cigarrenbinden, diese ganz bestimmt für ein Tablett. – Der erste bayerische Kondukteur bringt sie darauf, ihre sehr widerspruchsvollen und dunklen Ansichten einer Offizierstochter über das österreichische Militär und Militär überhaupt kurz und mit großer Entschiedenheit zu äußern. Sie hält nämlich nicht nur das österreichische Militär für schlapp, sondern auch das deutsche und jedes Militär überhaupt. Aber läuft sie nicht im Bureau zum Fenster, wenn Militärmusik vorüberkommt? Eben nicht, denn das ist kein Militär. Ja, ihre jüngere Schwester, die ist anders. Die tanzt fleißig im Innsbrucker Offizierskasino. Also Uniformen imponieren ihr gar nicht und Offiziere sind für sie Luft. Offenbar ist daran zum Teil jener Herr schuld, der ihr die Klavierauszüge borgt, zum Teil aber unser Hin- und Herspazieren auf dem Perron des Further Bahnhofs, denn sie fühlt sich nach der Fahrt im Gehn so frisch und streicht mit den Handflächen ihre Hüften. Richard verteidigt das Militär, aber ganz im Ernst. – Ihre Lieblingsausdrücke: tadellos – mit Null Komma fünf Beschleunigung – herausfeuern – prompt – schlapp.

Richard: Dora L. hat runde Wangen mit viel blondem Flaum; sie sind aber so blutleer, daß man sehr lange die Hände in sie drücken müßte, ehe sich eine Röthung zeigte. Das Mieder ist schlecht, über seinem Rande auf der Brust zerknittert sich die Bluse; davon muß man absehn.

Froh bin ich, daß ich ihr gegenüber und nicht neben ihr sitze, ich kann nämlich mit einem, der neben mir sitzt, nicht reden. Samuel z. B. setzt sich wieder mit Vorliebe neben mich; er sitzt auch gern neben Dora. Ich dagegen fühle mich ausgehorcht, wenn sich jemand neben mich setzt. Schließlich hat man ja wirklich gegen einen solchen Menschen von vornherein kein Auge in Bereitschaft, man muß sie erst zu ihm hinüberdrehen. Allerdings bin ich infolge meines Gegenübersitzens von der Unterhaltung Doras und Samuels, besonders wenn der Zug fährt, zeitweilig ausgeschlossen; alle Vorteile kann man nicht haben. Dafür sah ich sie aber schon, wenn auch nur Augenblicke lang, stumm neben einandersitzen; natürlich ohne meine Schuld.

Ich bewundere sie; sie ist so musikalisch. Samuel allerdings scheint ironisch zu lächeln, als sie ihm etwas leise vorsingt. Vielleicht war es nicht ganz korrekt, aber immerhin, verdient es nicht Bewunderung, daß sich ein in einer großen Stadt alleinstehendes Mädchen so herzlich für Musik interessiert? Sie hat sogar in ihr Zimmer, das doch nur gemietet ist, ein gemietetes Klavier schaffen lassen. Man muß sich nur vorstellen: eine so umständliche Angelegenheit wie ein Klaviertransport (Fortepiano!), die selbst ganzen Familien Schwierigkeiten macht und das schwache Mädchen! Wie viel Selbständigkeit und Entschiedenheit gehört dazu!

Ich frage sie nach ihrem Haushalt. Sie wohnt mit zwei Freundinnen, abends kauft eine von ihnen das Nachtmahl in einem Delikatessengeschäft, sie unterhalten sich sehr gut und lachen viel. Daß das alles bei Petroleumbeleuchtung geschieht, kommt mir, als ich es höre, merkwürdig vor, aber ich will es ihr nicht sagen. Offenbar liegt ihr auch an dieser schlechten Beleuchtung nichts, denn bei ihrer Energie könnte sie von ihrer Wirtin gewiß auch eine bessere erzwingen, wenn es ihr einmal einfiele.

Da sie im Laufe des Gespräches alles vorzeigen muß, was sie in ihrem Täschchen hat, sehn wir auch eine Medizinflasche mit irgend etwas Abscheulichem Gelbem drin. Jetzt erst erfahren wir, daß sie nicht ganz gesund ist, sogar lange krank gelegen ist. Und nachher war sie noch sehr schwach. Damals hat ihr der Chef selbst geraten (so anständig ist man gegen sie), nur halbe Tage ins Bureau zu kommen. Jetzt geht es ihr besser, sie muß aber dieses Eisenpräparat nehmen. Ich rate ihr, es lieber zum Fenster hinauszuschütten. Sie stimmt zwar leicht zu (denn das Zeug schmeckt elend), ist aber nicht zum Ernst zu bringen, trotzdem ich, näher zu ihr vorgebeugt als jemals, meine gerade darin so klaren Ansichten über eine naturgemäße Behandlung des menschlichen Organismus darlegen will, und zwar in der aufrichtigen Absicht, ihr zu helfen oder zumindest dieses unberatene Mädchen vor Schaden zu bewahren, und mich so wenigstens für einen Augenblick lang als glücklichen Zufall dieses Mädchens fühle. – Als sie nicht aufhört zu lachen, breche ich ab. Geschadet hat mir auch, daß Samuel während meiner ganzen Rede mit dem Kopf gewakkelt hat. Ich kenne ihn ja. Er glaubt an die Ärzte und hält die Naturheilmethode für lächerlich. Ich verstehe das sehr gut: er hat nie einen Arzt gebraucht und daher nie ernstliche selbständige Gedanken über diese Sache gehabt, kann beispielsweise dieses ekelhafte Präparat gar nicht auf sich beziehn. – Wäre ich mit dem Fräulein allein gewesen, so hätte ich sie schon überzeugt. Denn: wenn ich in dieser Sache nicht Recht habe, habe ich es in keiner!

Die Ursache ihrer Blutarmut ist mir ja von allem Anfang an klar gewesen. Das Bureau. Man kann ja wie alles auch das Bureauleben als etwas Scherzhaftes empfinden (und dieses Mädchen empfindet es ehrlich so, ist ja vollständig getäuscht), aber im Wesen, in den unglücklichen Folgen!? – Ich weiß ja, woran ich z. B. bin. Und jetzt soll gar ein Mädchen im Bureau sitzen, der Frauenrock ist gar nicht dazu gemacht, wie muß er sich überall spannen, um dauernd, stundenlang auf einem harten Holzsessel sich hin- und herzuschieben. Und so werden diese runden Popos gedrückt, und zugleich die Brust an der Schreibtischkante. – Übertrieben? – Ein Mädchen im Bureau ist mir doch jedesmal ein trauriger Anblick.

Samuel ist schon ziemlich intim mit ihr geworden. Er hat sie sogar, was ich eigentlich nie gedacht hätte dazu gebracht, mit uns in den Speisewagen zu gehn. In diesen Waggon zwischen fremde Passagiere treten wir schon mit einer geradezu unglaublichen Zusammengehörigkeit ein, alle drei. Das muß man sich merken, daß man zur Verstärkung der Freundschaft eine neue Umgebung aufsuchen soll. Ich sitze jetzt sogar neben ihr, wir trinken Wein, unsere Arme berühren einander, unsere gemeinsame Ferienfreude macht wirklich eine Familie aus uns.

Dieser Samuel hat sie trotz ihres lebhaften und durch den Regenguß unterstützten Sträubens überredet, den halbstündigen Aufenthalt in München zu einer Autofahrt zu benützen. Während er ein Auto holt, sagt sie zu mir in der Bahnhofsarkade, und sie nimmt mich dabei beim Arm: »Bitte, verhindern Sie diese Fahrt. Ich darf nicht mit. Es ist ganz ausgeschlossen. Ich sage es Ihnen, weil ich zu Ihnen Vertrauen habe. Mit Ihrem Freund kann man ja nicht reden. Er ist so verrückt!« – Wir steigen ein, mir ist das Ganze peinlich, es erinnert mich auch genau an das Kinematographenstück »Die weiße Sklavin«, in dem die unschuldige Heldin gleich am Bahnhofsausgang im Dunkel von fremden Männern in ein Automobil gedrängt und weggeführt wird. Samuel dagegen ist guter Laune. Da der große Schirm des Autos uns die Aussicht nimmt, sehn wir eigentlich von allen Gebäuden nur den ersten Stock zur Not. Es ist Nacht. Perspektiven einer Kellerwohnung. Samuel dagegen leitet daraus phantastische Vorstellungen über die Höhe der Schlösser und Kirchen ab. Da Dora in ihrem dunklen Rücksitz noch immer schweigt und ich schon fast einen Ausbruch fürchte, wird er endlich doch stützig und fragt sie, für mein Gefühl etwas zu konventionell: »Nun, Sie sind doch nicht bös auf mich, Fräulein? Habe ich Ihnen etwas getan u.s.f.?« Sie erwidert: »Da ich einmal hier bin, will ich Ihnen das Vergnügen nicht stören. Sie hätten mich aber nicht zwingen sollen. Wenn ich ›Nein‹ sage, so sage ich es nicht ohne Grund. Ich darf eben nicht fahren.« »Warum?« fragt er. »Das kann ich Ihnen nicht sagen. Sie müssen doch selbst einsehn, daß es sich für ein Mädchen nicht schickt, Nachts mit Herren herumzufahren. Außerdem ist noch etwas dabei. Nehmen Sie nur an, ich wäre schon gebunden …« Wir erraten, jeder für uns, mit stillem Respekt, daß diese Sache irgendwie mit dem Wagner-Herrn zusammenhängt. Nun, ich habe mir keine Vorwürfe zu machen, versuche sie aber trotzdem aufzuheitern. Auch Samuel, der sie bisher ein wenig von oben herab behandelt hat, scheint zu bereuen und will nur mehr von der Fahrt sprechen. Der Chauffeur, von uns aufgefordert, ruft die Namen der unsichtbaren Sehenswürdigkeiten aus. Die Pneumatics rauschen auf dem nassen Asphalt wie der Apparat im Kinematographen. Wieder diese »weiße Sklavin«. Diese leeren langen gewaschenen schwarzen Gassen. Das Deutlichste sind die unverhängten großen Fenster des Restaurant »Vier Jahreszeiten«, dessen Name uns als des elegantesten irgendwie bekannt war. Verbeugung eines livrierten Kellners vor einer Tischgesellschaft. Bei einem Denkmal, das wir in einem glücklichen Einfall für das berühmte Wagnerdenkmal erklären, zeigt sie Teilnahme. Nur beim Freiheitsmonument mit seinen im Regen klatschenden Fontänen ist längerer Aufenthalt gegönnt. Brücke über die nur geahnte Isar. Schöne herrschaftliche Villen längs des Englischen Gartens. Ludwigsstraße, Theatinerkirche, Feldherrnhalle, Pschorrbräu. Ich weiß nicht, wieso das kommt: ich erkenne nichts wieder, obwohl ich doch schon mehrmals in München war. Sendlinger Tor. Bahnhof, den rechtzeitig zu erreichen ich (besonders Doras wegen) Sorge hatte. So sind wir wie eine daraufhin ausgerechnete Feder in genau zwanzig Minuten durch die Stadt geschnurrt, nach dem Taxameter.

Wir bringen unsere Dora, als wären wir ihre Münchner Verwandten, in einem direkten Coupée nach Innsbruck unter, wo eine schwarzgekleidete Dame, die mehr zu fürchten ist als wir, ihr für die Nacht ihren Schutz anbietet. Da sehe ich erst daß man uns zweien mit Beruhigung ein Mädchen anvertrauen kann.

Samuel: Die Sache mit Dora ist gründlich mißlungen. Je weiter es gieng, desto schlimmer. Ich hatte die Absicht, die Reise zu unterbrechen und in München zu übernachten. Bis zum Nachtmahl, etwa Station Regensburg, war ich überzeugt, daß es gehn würde. Ich versuchte mich mit Richard durch ein paar Worte auf einem Zettel zu verständigen. Er scheint ihn gar nicht gelesen zu haben, nur darauf bedacht, ihn zu verstecken. Schließlich liegt ja nichts daran, ich hatte gar keine Lust auf das fade Frauenzimmer. Nur Richard machte so ein Wesen aus ihr, mit seinen umständlichen Ansprachen und Gefälligkeiten. Dadurch wurde sie auch in ihrer dummen Ziererei bekräftigt, die schließlich im Automobil ganz unerträglich wurde. Beim Abschied wurde sie folgerecht ein sentimentales deutsches Gretchen, Richard, der ihr natürlich den Koffer trug, benahm sich, wie wenn sie ihn unverdient beglückt hätte, ich hatte nur ein peinliches Gefühl. Um es kurz zu formulieren: Frauen, die allein reisen oder sonst irgendwie als selbständig betrachtet sein wollen, dürfen dann nicht wieder in die übliche, vielleicht heute schon veraltete Koketterie verfallen, indem sie bald anziehn, bald abstoßen und in der dadurch erzeugten Verwirrung ihren Vorteil suchen. Denn das durchschaut man und läßt sich bald mit Vergnügen stärker abstoßen, als sie wahrscheinlich gewünscht haben. –

Nach dieser nicht ganz saubern Reisebekanntschaft war es ein besonderes Vergnügen, eine eigens für Hände- und Gesichtwaschen eingerichtete Anstalt auf dem Bahnhof zu finden. Man öffnet uns eine »Kabine«; allerdings könnte man sich schönere Waschgelegenheiten denken, auch haben wir nur gerade noch Zeit, mit unseren Kleidern bepackt uns in der Enge zwischen den zwei Waschbecken hin und her zu drehn, trotzdem sind wir einig, daß Kultur in dieser reichsdeutschen Einrichtung liegt. In Prag könnte man lange auf den Bahnhöfen herumsuchen, ehe man so etwas fände.

Wir steigen in das Coupée ein, in dem wir zu Richards Herzklopfen unser Gepäck gelassen hatten. Richard macht seine bekannten Schlafvorbereitungen, indem er sein Plaid als Kopfpolster unterlegt und den aufgehängten Havelock als Baldachin um sein Gesicht herabhängen läßt. Es gefällt mir, daß er, wenigstens wenn es sich um seinen Schlaf handelt, rücksichtslos ist, z. B. die Lampe verdunkelt, ohne zu fragen, trotzdem er weiß, daß ich in der Eisenbahn nicht schlafen kann. Er streckt sich auf seiner Bank aus, als ob er ein besonderes Recht vor den Mitreisenden hätte. Er schläft auch sofort friedlich ein. Und dabei hat der Mensch immerfort über Schlaflosigkeit zu klagen.

Im Coupée sitzen noch zwei junge Franzosen. (Genfer Gymnasiasten.) Der eine, schwarzhaarige, lacht immerfort, sogar darüber, daß ihn Richard kaum sitzen läßt (so streckt er sich aus), dann darüber, daß er einen Augenblick, in dem sich Richard erhebt und die Gesellschaft bittet nicht soviel zu rauchen, benützt um einen Teil von Richards Lagerplatz zu besetzen. Solche kleine Kämpfe werden unter Fremdsprachigen stumm und daher mit großer Leichtigkeit ausgefochten, ohne Entschuldigungen und ohne Vorwürfe. – Die Franzosen verkürzen sich die Nacht, indem sie eine Blechbüchse mit Kakes einander hin- und herreichen oder Zigaretten drehn oder jeden Augenblick auf den Gang hinausgehn, einander rufen, wieder hereinkommen. In Lindau (sie sagen »Lendó») lachen sie herzlich und für diese Nachtzeit überraschend hell über den österreichischen Kondukteur. Kondukteure eines fremden Staates wirken unwiderstehlich komisch, so auch auf uns der bayrische in Furth mit seiner großen roten Tasche, die ihm tief unten um die Beine schlenkerte. – Langdauernde Aussicht auf den von den Zugslichtern beleuchteten und geglätteten Bodensee bis hinüber zu den fernen Lichtern der jenseitigen Ufer, finster und dunstig. Mir fällt ein altes Schulgedicht ein, »Der Reiter über den Bodensee«. Ich verbringe eine hübsche Zeit damit, es mir aus dem Gedächtnis wiederherzustellen. – Eindringen dreier Schweizer. Einer raucht. Einer, der dann auch nach dem Aussteigen der zwei andern zurückbleibt, ist zuerst unwesentlich, klärt sich aber gegen Morgen auf. Er hat den Streitigkeiten zwischen Richard und dem schwarzen Franzosen ein Ende gemacht, indem er gleichsam beiden Unrecht gab und sich für den ganzen Rest der Nacht steif zwischen sie setzte, den Bergstock zwischen den Beinen. Richard zeigt, daß er auch sitzend schlafen kann.

Die Schweiz überrascht durch die alleinstehenden, daher scheinbar besonders aufrechten selbstständigen Häuser in allen Städtchen, Dörfern längs der ganzen Eisenbahnstrecke. Keine Gassenbildung in St. Gallen. Vielleicht drückt sich darin der gut deutsche Partikularismus jedes Einzelnen aus, – von Terrainschwierigkeiten unterstützt. Jedes Haus mit seinen dunkelgrünen Fensterläden und viel grüner Farbe in Fachwerk und Geländer hat einen villenähnlichen Charakter. Trägt trotzdem eine Firma, nur *eine*, Familie und Geschäft scheinen nicht unterschieden. Diese Einrichtung, Geschäftsunternehmungen in Villen zu betreiben, erinnert mich stark an R. Walsers Roman »Der Gehilfe«.

Es ist Sonntag, fünf Uhr früh, 27. August. Alle Fenster noch geschlossen, alles schläft. Immer das Gefühl, daß wir, in diesen Zug gesperrt, die einzige schlechte Luft weit und breit atmen, während das Land draußen in natürlicher Weise, die man nur aus einem Nachtzug heraus, unter einer weiterbrennenden Lampe, richtig beobachten kann, sich entschleiert. Es ist zuerst von den dunklen Bergen als besonders schmales Tal zwischen ihnen und unserem Zug hergeschoben, dann durch den Morgendunst wie durch Oberlichtfenster weißlich aufgehellt, die Matten erscheinen allmählich frisch, wie nie zuvor berührt, saftig grün, was mich in diesem trockenen Jahr sehr in Erstaunen setzt, endlich erbleicht das Gras bei steigender Sonne in langsamer Verwandlung. – Bäume mit schweren großen Nadelästen, die längs des ganzen Stammes bis zum Fuße niederwallen.

Solche Formen sieht man häufig in Bildern Schweizer Maler und ich hielt sie bis heute für nichts als stylisiert.

Eine Mutter mit ihren Kindern beginnt auf der saubern Straße den Sonntagspaziergang. Das erinnert mich an Gottfried Keller, der von seiner Mutter erzogen wurde.

Im Wiesenland überall die sorgfältigsten Zäune; manche sind aus grauen wie Bleistifte zugespitzten Stämmen gebaut, oft aus halbierten solchen Stämmen. So teilten wir als Kinder Bleistifte, um den Graphit herauszubekommen. Derartige Zäune habe ich noch nie gesehn. So bietet jedes Land Neues im Alltäglichen und man muß sich hüten, der Freude über solche Eindrücke nachgebend das Seltene zu übersehn.

Richard: Die Schweiz in den ersten Morgenstunden sich selbst überlassen. Samuel weckt mich angeblich beim Anblick einer sehenswerten Brücke, die aber schon vorbei ist, ehe ich aufschaue, und verschafft sich durch diesen Griff vielleicht den ersten starken Eindruck von der Schweiz. Ich sehe sie zuerst, viel zu lange Zeit, aus innerer in äußerer Dämmerung an.

Ich habe in der Nacht ungewöhnlich gut geschlafen, wie in der Eisenbahn fast immer. Mein Schlaf in der Eisenbahn ist förmlich eine reinliche Arbeit. Ich lege mich hin, den Kopf zu allerletzt, probiere kurz zum Vorspiel einige Lagen, sondere mich von der ganzen Gesellschaft ab, wie sie mich auch von allen Seiten anschauen möge, indem ich mit dem Überzieher oder der Reisemütze mein Gesicht verdecke und werde von dem anfänglichen Behagen einer neu eingenommenen Körperlage in den Schlaf geweht. Am Anfang ist das Dunkel natürlich eine gute Hilfe, im weiteren Verlaufe ist es fast überflüssig. Auch die Unterhaltung könnte fortgehn wie früher, nur ist es schon so, daß der Mahnung, die ein ernsthaft Schlafender bildet, auch ein entfernt sitzender Schwätzer nicht widerstehen kann. Denn es gibt kaum einen Ort, wo die größten Gegensätze in der Lebensführung so nah, unvermittelt und überraschend neben einander sitzen wie im Coupée und infolge der fortwährenden gegenseitigen Betrachtung in der kürzesten Zeit auf einander zu wirken anfangen. Und wenn auch ein Schlafender die andern nicht gleich wieder einschläfert, so macht er sie doch stiller oder steigert gar ganz gegen seinen Willen ihre Nachdenklichkeit zum Rauchen, so wie es leider bei dieser Fahrt geschehen ist, wo ich in der guten Luft unaufdringlicher Träume Wolken von Zigarettenrauch eingeatmet habe.

Meinen guten Schlaf in der Eisenbahn erkläre ich damit, daß mich sonst meine aus Überarbeitung stammende Nervosität durch den Lärm nicht schlafen läßt, den sie in mir anrichtet und der in der Nacht von allen zufälligen Geräuschen des großen Wohnhauses und der Gasse, von jedem aus der Ferne herannahenden Wagenrollen, jedem Zanken Betrunkener, jedem Schritt auf der Treppe angefeuert wird, daß ich oft ärgerlich alle Schuld auf diesen äußeren Lärm schiebe – während in der Eisenbahn die Gleichmäßigkeit der Fahrtgeräusche, ob es nun gerade die arbeitende Federung des Waggons ist, oder das sich Reiben der Räder, das Aneinanderschlagen der Schienen, das Zittern des ganzen Holz-, Glas- und Eisenbaues ein Niveau wie von vollkommener Ruhe bilden, auf dem ich schlafen kann, scheinbar wie ein gesunder Mensch. Dieser Schein weicht natürlich sofort z. B. einem vordringenden Pfiff der Lokomotive oder einer Veränderung des Fahrttempos oder ganz bestimmt dem Eindruck in den Stationen, der sich genau wie durch den ganzen Zug auch durch meinen ganzen Schlaf fortsetzt bis zum Erwachen. Dann höre ich ohne Erstaunen die Namen von Orten ausrufen, die ich nie zu passieren erwartet habe, wie diesmal Lindau, Konstanz, ich glaube auch Romanshorn und habe von ihnen weniger Gewinn, als wenn ich von ihnen nur geträumt hätte, im Gegenteil nur Störung. Erwache ich während der Fahrt, dann ist das Erwachen stärker, weil es wie gegen die Natur des Eisenbahnschlafes ist. Ich öffne die Augen und wende mich einen Augenblick zum Fenster. Viel sehe ich da nicht, und was ich sehe, ist mit dem nachlässigen Gedächtnis des Träumenden erfaßt. Doch möchte ich schwören, daß ich irgendwo im Würtembergischen, wie wenn ich auch dieses Würtembergische ausdrücklich erkannt hätte, um zwei Uhr in der Nacht einen Mann gesehen habe, der auf der Veranda seines Landhauses sich zum Geländer beugte. Hinter ihm war die Tür seines beleuchteten Schreibzimmers halb geöffnet, als sei er nur herausgekommen, um vor dem Schlaf noch den Kopf zu kühlen ... In Lindau war im Bahnhof, aber auch während der Einfahrt und der Ausfahrt viel Gesang in der Nacht und weil man überhaupt in einer solchen Fahrt in der Nacht von Samstag auf Sonntag viel nächtliches Leben auf weiten Strecken, nur leicht im Schlaf beirrt, zusammenkehrt, scheint einem der Schlaf besonders tief und die Unruhe draußen besonders laut zu sein. Auch die Schaffner, die ich öfters an meiner getrübten Fensterscheibe vorüberlaufen sah, und die niemanden wecken, sondern nur ihre Pflicht erfüllen wollten, riefen in der Leere der Bahnhofsräume überlaut eine Silbe des Stationsnamens zu uns herein und weiterhin die andern. Dann lockte es meine Reisegenossen sich den Namen zusammenzusetzen oder sie erhoben sich, um durch die immer wieder abgewischte Scheibe den Namen selbst zu lesen; mein Kopf aber fiel schon zurück aufs Holz.

Wenn man aber schon einmal so gut im Fahren schlafen kann wie ich – Samuel durchsitzt die ganze Nacht mit offenen Augen, wie er behauptet – dann sollte man auch erst bei der Ankunft erwachen dürfen, um sich nicht im Augenblick des Aufwachens aus gesundem Schlaf mit fettigem Gesicht, nassem Körper, kreuz und quer gedrückten Haaren, in Wäsche und Kleidern, die 24 Stunden, ohne geputzt und gelüftet zu werden, im Eisenbahnstaub bestanden habend, in einen Winkel des Coupées gekrümmt zu finden und in diesem Zustand weiterfahren zu müssen. Hätte man jetzt die Kraft dazu, würde man den Schlaf verfluchen, so aber beneidet man nur im Stillen Leute, die wie Samuel, vielleicht nur weilchenweise geschlafen haben, aber dafür auch besser auf sich achten konnten, fast die ganze Fahrt mit Bewußtsein gemacht haben und die durch die Unterdrückung des Schlafes, dessen sie schließlich auch fähig gewesen wären, bei ununterbrochenem klarem Verstande geblieben sind. Ich war ja Samuel am Morgen ausgeliefert.

Wir standen nebeneinander beim Fenster, ich nur seinetwegen, und während er mir zeigte, was von der Schweiz zu sehen war und von dem erzählte, was ich verschlafen hatte, nickte ich und bewunderte, wie er wollte. Es ist noch ein Glück, daß er solche Zustände an mir entweder nicht merkt oder nicht richtig beurteilt, denn gerade zu solchen Zeiten ist er freundlicher zu mir, als dann, wenn ich es besser verdiene. Ernsthaft aber dachte ich damals nur an die Lippert. Ein wahres Urteil über neue kurze Bekanntschaften, besonders mit Frauen, kann ich mir ja nur schwer bilden. In der Zeit nämlich, in der die Bekanntschaft im Gange ist, beaufsichtige ich lieber mich selbst, weil da viel zu tun ist und so habe ich auch an ihr nur einen lächerlichen Teil von dem bemerkt, was ich flüchtig und gleich verloren an ihr ahnte. In der Erinnerung wiederum nehmen diese Bekanntschaften sofort große anbetungswürdige Formen an, da sie dort stumm sind, nur ihrer eigenen Beschäftigung nachgehn und durch ihr völliges Vergessen unserer Person ihre Mißachtung unserer Bekanntschaft zeigen. Doch war noch ein anderer Grund, weshalb ich mich nach Dora, dem nächsten Mädchen meiner Erinnerung, so sehnte. Samuel genügte mir an diesem Morgen nicht. Er wollte als mein Freund eine Reise mit mir machen, aber das war nicht viel. Das bedeutete nur, daß ich an allen Tagen dieser Reise einen angezogenen Mann neben mir haben werde, dessen Körper ich nur im Bade sehen kann, ohne auch nach diesem Anblick das geringste Verlangen zu haben. Samuel würde ja schließlich meinen Kopf an seiner Brust dulden, wenn ich dort weinen wollte, aber können mir beim Anblick seines männlichen Gesichts, seines knapp wehenden Spitzbartes, seines zusammengeklappten Mundes – da höre ich schon auf – können mir denn ihm gegenüber die erlösenden Tränen in die Augen kommen?

(Fortsetzung folgt)

Die »Ruhe des Blickes«

Die Friedland-Reise
(Januar/Februar 1911)

Aus den Reisetagebüchern

Friedländer Reise	Jänner	1911
Reichenberger	Feber	

Ich müßte die Nacht durchschreiben, so viel kommt über mich, aber es ist nur unreines. Was für eine Macht dieses über mich bekommen hat, während ich ihm früher soviel ich mich erinnere mit einer Wendung, einer kleinen Wendung, die mich an und für sich noch glücklich machte, auszuweichen imstande war.

Reichenberger Jude im Koupe macht sich zuerst durch kleine Ausrufe über Schnellzüge, die es nur dem Fahrpreis nach sind bemerkbar. Unterdessen ißt ein magerer Reisender, das was man Windbeutel nennt, mit raschem Schlucken Schinken, Brot und zwei Würste, deren Haut er mit einem Messer durchsichtig kratzt, bis er schließlich alle Reste und Papiere unter die Bank hinter das Heizungsrohr wirft. Während des Essens hat er in dieser unnötigen mir so sympatischen, aber erfolglos nachgeahmten Hitze und Eile zwei Abendblätter mir zugewendet ausgelesen. Abstehende Ohren. Nur verhältnismäßig breite Nase. Wischt mit den fetten Händen Haare und Gesicht, ohne sich schmutzig zu machen, was ich auch nicht darf. Das scheinbar umfangreiche Glied macht in den Hosen einen starken Wulst.

Mir gegenüber dünnstimmiger, schwachhöriger Herr mit Spitz und Schnauzbart lacht zuerst still ohne sich zu demaskieren in einer höhnischen Weise den Reichenberger Juden aus, wobei ich immer mit einigem Widerwillen, aber aus irgendeinem Respekt nach Verständigungen durch Blicke mich beteilige. Später stellt sich heraus, daß dieser Mann, der das Montagsblatt liest, irgendetwas ißt, auf einer Station Wein einkauft und in meiner Weise schluckweise trinkt, nicht das geringste wert ist.

Von dem magern Reisenden wird dann ein hochbrüstiger kleiner Reisender eingeführt der sich neben mich setzt und zu schwer und selbstbewußt ist, als daß er sich durch anderes als lautes (übrigens nicht höhnisches) Lächeln und hie und da ein Wort bemerkbar machen sollte. Witz mit Protiwin. Er steigt übrigens später aus

---

Dann noch ein junger rotwangiger Bursch, der viel im interessanten Blatt liest, das er zwar rücksichtslos mit der Handkante aufreißt, um es aber schließlich mit der immer von mir bewunderten Sorgfalt unbeschäftigter Menschen als wäre es ein Seidentuch mit vielfachem Zusammendrücken, Eindrücken der Kanten von innen, Festmachen, Abklopfen der Flächen von außen zusammenzulegen und dick wie es ist in die Brusttasche zu stopfen. Er wird es also noch zuhause lesen. Ich weiß gar nicht wo er ausgestiegen ist.

Das Hotel in Friedland. Die große Diele. Ich erinnere mich an einen Christus am Kreuz, der vielleicht gar nicht war. Kein Wasserkloset, der Schneesturm kam von unten herauf. Eine Zeitlang war ich der einzige Gast. Die meisten Hochzeiten der Umgebung werden im Hotel gefeiert. Ganz unsicher erinnere ich mich eines Blickes in einen Saal am Morgen nach einer Hochzeitsfeier. Auf der Diele und auf dem Gang war überall sehr kalt. Mein Zimmer war über der Hauseinfahrt; mir fiel gleich die Kälte auf, wie erst als ich den Grund bemerkte. Vor meinem Zimmer war eine Art Nebenzimmer der Diele; auf einem Tisch standen dort von einer Hochzeit her zwei vergessene Sträuße in Vasen. Verschluß der Fenster nicht durch Klinken sondern durch Haken oben und unten. Jetzt fällt mir ein, daß ich einmal Musik hörte, ein Weilchen lang. In dem Gastzimmer war aber kein Klavier, vielleicht in jenem Hochzeitszimmer. Immer wenn ich das Fenster schloß, sah ich auf der andern Marktseite ein Delikatessengeschäft. Geheizt wurde mit großen Holzstücken. Stubenmädchen mit großem Mund, einmal trotz der Kälte mit freiem Hals und Brustansatz; bald abweisend bald überraschend anhänglich, ich immer gleich respektvoll und verlegen, wie meist vor allen freundlichen Leuten. Als ich mir für das Arbeiten am Nachmittag und Abend eine stärkere Glühlampe hatte einsetzen lassen, war sie ganz froh als sie das beim Einheizen sah »ja, bei dem frühern Licht könne man nicht arbeiten«, sagte sie. »Bei diesem Licht auch nicht« sagte ich nach einigen lebhaften Ausrufen, wie sie mir in der Verlegenheit leider immer in den Mund kommen. Und ich wußte nichts anderes als meine schon auswendig gelernte Meinung herzusagen, daß das elektrische Licht sowohl zu grell als zu schwach sei. Sie heizte daraufhin schweigend weiter ein. Erst als ich sagte »übrigens habe ich nur die frühere Lampe stärker angezündet« lachte sie ein wenig und wir waren einer Meinung.

Dagegen kann ich solche Dinge: ich hatte sie immer als Fräulein behandelt und sie hatte sich danach eingerichtet; einmal kam ich zu ungewöhnlicher Zeit nachhause und sehe sie in der kalten Diele den Boden waschen. Da machte es mir nicht die geringste Mühe, durch Gruß und eine Bitte rücksichtlich des Einheizens sie vor jeder Beschämung zu bewahren.

Auf der Rückfahrt von Raspenau nach Friedland neben mir dieser steife totenähnliche Mensch, dem der Bart über den offengehaltenen Mund herabgieng und der, als ich ihn nach einer Station fragte, freundlich zu mir gewendet mir die lebhafteste Auskunft gab.

Das Schloß in Friedland. Die vielen Möglichkeiten, es zu sehn: aus der Ebene, von einer Brücke aus, aus dem Park, zwischen entlaubten Bäumen, aus dem Wald zwischen großen Tannen durch. Das überraschend übereinander gebaute Schloß, das sich wenn man in den Hof tritt lange nicht ordnet da der dunkle Epheu, die grauschwarze Mauer, der weiße Schnee, das schieferfarbene Abhänge überziehende Eis die Mannigfaltigkeit vergrößert. Das Schloß ist eben nicht auf einem breiten Gipfel aufgebaut, sondern der ziemlich spitze Gipfel ist umbaut. Ich gieng unter fortwährendem Rutschen einen Fahrweg hinauf, während der Kastellan, mit dem ich weiter oben zusammentraf, über zwei Treppen leicht hinaufkam. Überall Epheu. Von einem spitz vorspringenden Plätzchen großer Ausblick. Eine Treppe an der Mauer hört in halber Höhe nutzlos auf. Die Ketten der Zugbrücke hängen vernachlässigt an den Haken herab.

Schöner Park. Weil er terassenförmig am Abhang, aber auch teilweise unten um einen Teich herum mit verschiedenartiger Baumgruppierung liegt kann man sich sein Sommeraussehn gar nicht vorstellen. Im eiskalten Teichwasser sitzen zwei Schwäne (ihren Namen habe ich erst in Prag erfahren), eine steckt Hals und Kopf ins Wasser. Ich folge zwei Mädchen die sich immerfort unruhig und neugierig auf mich unruhigen und neugierigen überdies aber unentschlossenen umsehn, lasse mich von ihnen den Berg entlang über eine Brücke eine Wiese, unter einem Eisenbahndamm durch in eine überraschende vom Waldabhang und Eisenbahndamm gebildete Rotunde weiter hoch hinauf in einen scheinbar nicht so bald endenden Wald führen. Die Mädchen gehn zuerst langsam, als ich mich über die Größe des Waldes zu wundern anfange gehn sie rascher, da sind wir auch schon auf einer Hochebene mit starkem Wind paar Schritte vom Ort.

Kaiserpanorama. Einzige Vergnügung in Friedland. Habe keine rechte Bequemlichkeit darin, weil ich mich einer solchen schönen Einrichtung wie ich sie dort antraf, nicht versehen hatte, mit schneebehängten Stiefeln eingetreten war und nun vor den Gläsern sitzend nur mit den Fußspitzen den Teppich berührte. Ich hatte die Einrichtung der Panoramas vergessen und fürchtete einen Augenblick lang von einem Sessel zum andern gehn zu müssen. Ein alter Mann bei einem beleuchteten Tischchen, der einen Band illustrierte Welt liest, führt das ganze. Läßt nach einer Weile für mich ein Ariston spielen. Später kommen noch 2 alte Damen, setzen sich rechts von mir, dann noch eine links. Brescia, Kremona, Verona. Menschen drin wie Wachspuppen an den Sohlen im Boden im Pflaster befestigt. Grabdenkmäler: eine Dame mit über eine niedrige Treppe schleifender Schleppe öffnet ein wenig eine Tür und schaut noch zurück dabei. Eine Familie, vorn liest ein Junge eine Hand an der Schläfe, ein Knabe rechts spannt einen unbesaiteten Bogen. Denkmal des Helden Tito Speri: verwahrlost und begeistert wehen ihm die Kleider um den Leib. Bluse, breiter Hut. Die Bilder lebendiger als im Kinematographen, weil sie dem Blick die Ruhe der Wirklichkeit lassen. Der Kinematograph gibt dem Angeschauten die Unruhe ihrer Bewegung, die Ruhe des Blickes scheint wichtiger. Glatter Boden der Kathedralen vor unserer Zunge. Warum gibt es keine Vereinigung von Kinema und Stereoskop in dieser Weise? Plakate mit Pilsen Wihrer aus Brescia bekannt. Die Entfernung zwischen bloßem Erzählenhören und Panorama sehn ist größer, als die Entfernung zwischen Letzterem und dem Sehn der Wirklichkeit. Alteisenmarkt in Kremona. Wollte am Schluß dem alten Herrn sagen, wie gut es mir gefallen hatte, wagte es nicht. Bekam das nächste Programm. Offen von 10 Uhr bis 10 Uhr.

Ich hatte in der Auslage des Buchladens den »literarischen Ratgeber« des Dürerbundes bemerkt. Beschloß ihn zu kaufen, änderte ihn dann wieder, kam nochmals darauf zurück, während dessen ich oftmals zu allen Tageszeiten vor der Auslage stehen blieb. So verlassen schien mir der Buchladen, die Bücher so verlassen. Den Zusammenhang der Welt mit Friedland fühlte ich nur hier und da war er so dünn. Aber wie jede Verlassenheit mir wieder Wärme erzeugt, so fühlte ich rasch auch das Glück dieses Buchladens und einmal gieng ich hinein, schon um das Innere zu sehn. Weil man dort wissenschaftliche Werke nicht braucht, sah es in den Regalen fast belletristischer aus als in den städtischen Buchläden. Eine alte Dame saß unter einer grünüberdachten Glühlampe. Vier, fünf eben ausgepackte Kunstwarthefte erinnerten mich daran, daß es Monatsanfang war. Die Frau zog meine Hilfe ablehnend das Buch, von dessen Dasein sie kaum wußte aus der Auslage heraus, gab es mir in die Hand, wunderte sich daß ich es hinter der vereisten Scheibe bemerkt hatte (ich hatte es ja schon früher gesehn) und fing in den Geschäftsbüchern den Preis zu suchen an, denn sie kannte ihn nicht und ihr Mann war weg. Ich werde später abend kommen, sagte ich (es war 5 Uhr nachmittag) hielt aber mein Wort nicht.

Reichenberg:

Über die eigentliche Absicht von Personen, die am Abend in einer Kleinstadt rasch gehn, ist man ganz im Unklaren. Wohnen sie außerhalb, dann müssen sie doch die Elektrische benützen weil die Entfernungen zu groß sind. Wohnen sie aber im Ort selbst, dann gibt es ja wieder keine Entfernungen und keinen Grund zum schnellen Gehn. Und doch kreuzen Leute mit gestreckten Beinen diesen Ringplatz, der für ein Dorf nicht zu groß wäre und dessen Rathaus durch seine unvermittelte Größe ihn noch kleiner macht (mit seinem Schatten kann es ihn reichlich bedecken) während man von dem kleinen Platze aus der Größe des Rathauses nicht recht glauben will und den ersten Eindruck seiner Größe mit der Kleinheit des Platzes erklären möchte.

Ein Polizeimann weiß die Adresse der Arbeiterkrankenkassa, ein anderer jene der Anstaltsexpositur nicht, ein dritter weiß nicht einmal wo die Johannesgasse ist. Sie erklären es damit, daß sie erst kurze Zeit im Dienste sind. Wegen einer Adresse muß ich auf die Wachstube, wo genug Polizeileute auf verschiedene Art sich ausruhn, alle in Uniformen, deren Schönheit, Neuheit und Farbigkeit überrascht, da man sonst überall auf der Gasse nur die dunklen Wintermäntel sieht.

In den engen Gassen konnte nur ein Geleise gelegt werden. Die Elektrische zum Bahnhof fährt daher durch andere Gassen, als jene vom Bahnhof. Vom Bahnhof durch die Wiener Straße, dort wohnte ich im Hotel Eiche, zum Bahnhof durch die Schückerstraße.

Im Teater dreimal immer ausverkauft: Des Meeres u. der Liebe Wellen: ich saß auf dem Balkon, ein allzu guter Schauspieler macht mit dem Naukleros zu viel Lärm, ich hatte mehrmals Tränen in den Augen so beim Schluß des ersten Aktes als die Augen Heros und Leanders von einander nicht los können. Hero tritt aus der Tempeltür, durch die man etwas sieht was nichts anderes als ein Eiskasten sein kann. Im zweiten Akt Wald wie in frühern Prachtausgaben, er geht ans Herz, Lianen schlingen sich von Baum zu Baum. Alles moosig und dunkelgrün. Die Hintergrundmauer des Turmgemaches kehrt an einem nächsten Abend in Miss Dudelsack wieder. Vom dritten Akt ab Niedergang des Stückes, als sei ein Feind dahinter her

»Die straffe Fahrt der Automobile«

Kafka in Paris (September 1911)

Die Beine gehn einem auseinander auf den großen Pariser Straßen – Fußbad von der Kante des Bettpfostens aus – Nachtlämpchen der Sommerlokale – Kerne von gewöhnlichen u. von Polstersesseln in den Champs Elisées – die Anlage des Place de la Concorde der die Attraktionen in die Ferne schiebt wo sie der Blick leicht findet aber nur wenn er sie sucht

---

école Florentine (XV Jahrhundert) Apfelszene –

Tintor – Suzanne

Simone Martini 1285 (Ecole de Sienne) Jesus Christ marchant au Calvaire

---

Mantegna La sagesse victorieuse des Vices 1431–1506 école Venetienne

---

Titian Le concile de Trente 1477–1576

Rafael: Apollo und Marsyas

Velasquez 1599–1660 Port. de Philippe IV roi d'Espagne

Jakob Jordaens 1593–1678 Le concert apres le repas

Rubens   Kermesse

Confiserie de l'enfant gaté
rue de petits champs

Wäscherinnen in Morgennegligée –

---

rue de pet. champs, so eng daß sie ganz im Schatten bleibt, selbst wenn die eine Häuserreihe ganz beschienen ist, dieser Unterschied in der Beleuchtung so nah an einander gerückter Häuser

---

Le sou du soldat
societé anonyme   Avenue de l'Opera
Capital 1 Mill

Robert – Samuel –

Ambassadeur – Trommelwirbel mit einer im Doppel-s sich ankündigenden Blasmusik vor der im eur die Trommlerstäbe noch im Schwung sich heben und still sind.

Gare de Lion – Compteur francaises. – Hosenträgerersatz der Erdarbeiter sind Schärpen in vielen Farben um den Leib – ich wußte nicht recht, ob ich verschlafen war, und beschäftigte mich im Wagen und den ganzen Vormittag damit – achtgeben, daß man die Kindermädchen nicht für französische Gouvernanten deutscher Kinder hält – Mißverständnis über den Umfang einer kleinen Morgentoilette begründet durch Maxens innerste Natur – dadurch daß die französischen

---

Unsicherheit über den Charakter einer auf der Bühne vor dem Vorhang stehenden Person, welche den Kapellmeister dirigiert

---

Probe (oft unterbrochen) vor dem Publikum. Für welche Vorstellung wird geprobt

---

Boden mit kleinen Steinchen

Prise de Salins 17 V 1668 par Mr Lafaye
2 Freunde ein rotgekleideter auf weißem, ein dunkler auf dunklem Pferd erholen sich von der Belagerung einer Stadt im Hintergrunde auf einem Ausritt bei heranziehendem Gewitter

---

voyage de Louis XVI à Cherbourg 23 Juin 1786
das Boot mit Ludwig wird während er mit der gegen Cherbourg ausgestreckten Hand eine lebhafte Bemerkung zu 2 hinter ihm stehenden Höflingen macht, vor allem zu einem der die Hände auf die Brust legt, von den Bootsleuten je 3 Reihen an jeder Seite auf den zusammengebundenen Rudern ans Land getragen. Frauen leicht gekleidet schwingen sich vom Land entgegen, ein Mann schaut durch ein Telescop. Der Wagen wartet. Aus andern Booten wird man auf Stegen aussteigen müssen, einer wird gerade hervorgezogen.

Bivouak de Napoleon sur le champ de bataille de Wagram nuit du 5 au 6 juillet 1809. N. sitzt allein das eine Bein auf einen niedrigen Tisch gelegt. Hinter ihm ein rauchendes Lagerfeuer. Die Schatten seines r. Beines und der Tisch- und Sesselbeine liegen vorn strahlenförmig um ihn. Stiller Mond. Die Generäle in entferntem Halbkreis schauen ins Feuer und auf ihn.

die charakteristische Flächenlage: Hemden, Wäsche überhaupt, Servietten im Restaurant, Zucker, große Räder der meist 2rädrigen Wagen, Pferde einzeln hintereinandergespannt, flächige Dampfer auf der Seine, die Balkone teilen die Häuser in die Quere und verbreitern diese flächigen Querschnitte der Häuser, die flachgedrückten breiten Kamine, die zusammengelegten Zeitungen

das gestrichelte Paris:
die aus den flachen Kaminen herauswachsenden hohen dünnen Kamine (mit den vielen kleinen blumentopfartigen), die äußerst stummen alten Gaskandelaber, die Querstriche der Jalousien, denen sich in den Vorstädten die gestrichelten Schmutzabdrücke auf der Hauswand anfügen, die dünnen Leisten auf den Dächern, die wir in der rue Rivoli sahen, das gestrichelte Glasdach des Grand Palais des Art, die strichweise geteilten Fenster der Geschäftsräume, die Gitter der Balkone, der aus Strichen sich bildende Eifelturm, die größere Strichwirkung der Seiten- und Mittelleisten der Balkontüren gegenüber unsern Fenstern, die Sesselchen im Freien und die Kaffeehaustischchen, deren Beine Striche sind, die goldspitzigen Gitter der öffentlichen Gärten

Betrachtung über Warenhäuser

wie leicht Grenadine mit Seltz beim Lachen durch die Nase geht (Bar vor der Opera comique)

Nachahmenswertes: Café Biard, herumfahrende Händler,
Duval, die Züge in der Bahnhofshalle sind im Freien
Peitschenhieb am Boulev.
Max hat Schnupfen
aufheben einer Spielmarke, damit man sie nicht bekommt

Aeroplan

Perronkarte, dieser rohe Eingriff ins Familienleben ist unbekannt

rue de Cléry steigt in den Himmel und fällt in ihn.

Colonel Arthur Boucher
La france viktorieuse dans la guerre du demain. L'auteur ancien chef des operations militaires à l'Etat major de l'armee demontre que si la France etait ataquée elle saurait se defendre avec la certitude absolue de la victoire

Allein im Lesezimmer mit einer schwerhörigen Dame der ich mich als sie anderswohin schaute, nutzlos vorgestellt habe und die den von mir angezeigten Regen draußen für noch weiter andauernde Schwüle hält. Sie legt Karten nach einem seitwärts liegenden Buch in das sie angestrengt schaut, den Kopf auf die zur Faust geschlossene Hand gestützt, in der wohl 100 noch unverbrauchte kleine beiderseitig bedruckte Miniaturkarten liegen.

Neben mir den Rücken mir zugewendet liest ein alter schwarzgekleideter Herr die Münchner neuesten Nachrichten. – Ein starker dickflüssiger Regen. – Gefahren mit einem jüdischen Goldarbeiter. Er ist aus Krakau, etwas über 20 Jahre alt, war 2½ Jahre in Amerika, hat jetzt in Paris 2 Monate gelebt und nur 14 Tage Arbeit gehabt. Schlecht gezahlt (nur 10 fr täglich) schlechter Geschäftsboden. Wenn einer neu in eine Stadt kommt, weiß er nicht, was seine Arbeit wert ist. Schönes Leben in Amsterdam. Lauter Krakauer. Man weiß jeden Tag was in Krakau neues ist, denn immer fährt einer hin oder kommt einer von dort. Gassenlang wird nur polnisch gesprochen. Großer Verdienst in New York, denn dort verdienen alle Mädchen viel und können sich putzen. Damit kann sich Paris nicht vergleichen, der erste Schritt auf die Boulevards zeigt das. Aus New-York weggefahren, weil seine Leute doch hier sind und weil sie ihm geschrieben haben, wir leben in Krakau und verdienen auch, wie lange wirst Du eigentlich noch in Amerika bleiben? Ganz richtig. Begeisterung für das Leben der Schweizer. Das müssen ja riesenstarke Leute werden, wenn sie so auf dem Land leben und Viehwirtschaft treiben. Und die Flüsse! Die Hauptsache ist doch, daß man nach dem Aufstehn in fließendes Wasser kommt. – Er hat langes, geringeltes, nur gelegentlich von den Fingern durcharbeitetes Haar, starken Glanz in den Augen, langsam gekrümmte Nase, Höhlungen unten in den Wangen, amerikanisch geschnittenen Anzug, zerfranstes Hemd, überhängende Socken. Sein Koffer ist klein, er trägt ihn aber beim Aussteigen wie eine Last. Sein Deutsch unruhig gemacht von englischen Betonungen und Wendungen, der Jargon kann sich ausruhn so stark ist das Englische. Lebhaftigkeit nach der durchfahrenen Nacht. »Sie sind ein Österreicher? Ja Sie haben auch so einen Regenkragen. Das haben alle Österreicher.« Ich beweise durch Vorzeigen der Ärmel daß es kein Kragen sondern ein Mantel ist. Er bleibt weiter dabei, daß alle Österreicher Krägen haben. Sie werfen ihn so über. – Er wendet sich dabei zu einem Dritten und zeigt ihm wie sie das machen. Er tut so, als befestige er etwas hinten am Hemdkragen, zuckt mit dem Körper um zu sehn ob es hält, zieht dann dieses etwas zuerst über den rechten, dann über den linken Arm und hüllt sich schließlich ganz ein, bis ihm, wie man erkennt, gerade angenehm warm wird. Bewegungen der Beine zeigen, trotzdem er sitzt, wie leicht und geradezu sorgenlos ein Österreicher in so einem Kragen gehen kann. Es ist fast gar kein Spott dabei, es wird vielmehr vorgebracht wie von einem der Reisen gemacht und daher einiges gesehen hat. Etwas Kindlichkeit mischt sich zu.

Mein Spaziergang im dunklen Gärtchen vor dem Sanatorium.

Morgenturnen mit Absingen eines Wunderhorn Liedes, das einer auf dem Piston vorbläst.

Der Sekretär der jeden Winter Fußreisen macht nach Budapest, Südfrankreich, Italien. Bloßfüßig, nährt sich dann nur von Rohkost (Schrotbrot, Feigen, Datteln) wohnte mit 2 andern 14 Tage lang in der Gegend um Nizza meist nackt in einem verlassenen Hause.

Dickes kleines Mädel, das sich häufig in der Nase bohrt, gescheit aber nicht besonders hübsch ist, eine Nase ohne Zukunft hat, Waltraute heißt und von der ein Fräulein sagt daß sie etwas Strahlendes habe.

Die Säulen im Speisesaal, über die ich im Prospekt nach der Abbildung (hoch, glänzend, Marmor durch und durch) erschrak, derentwegen ich mich während der Oberfahrt auf dem kleinen Dampfer verwünschte und die schließlich sehr bürgerlich, aus Ziegeln gebaut waren, schlechte Marmorzeichnung tragen und auffallend niedrig sind.

Lustiges Gespräch eines Mannes im Birnbaum meinem Fenster gegenüber mit einem mir nicht sichtbaren Mädchen im Erdgeschoß.

Angenehmes Gefühl als der Arzt wieder und wieder mein Herz abhorchte, den Körper immer wieder anders gelegt haben wollte und nicht ins Reine kommen konnte. Besonders lange betastete er die Herzgegend, es dauerte so lang, daß es fast gedankenlos schien.

Streit der Frauen nachts im Coupee, dessen Lampe sie verhängt haben. Wie die liegende Französin aus dem Dunkel schrie und die von ihren Füßen an die Wand gedrückte schlecht französisch sprechende ältere Frau sich nicht zu helfen wußte. Nach der Meinung der Französin sollte sie von diesem Platz weggehn, ihr vieles Gepäck auf die andere Seite, den Rücksitz transportieren und sie dort ausstrecken lassen. Der griechische Arzt aus meinem Coupee gab ihr in schlechtem klaren scheinbar auf der deutschen Sprache basierten Französisch ausdrücklich Unrecht. Ich holte den Schaffner der sie auseinandersetzte.

Schon wieder mit jener Dame beisammen, die übrigens auch eine Schreibnärrin ist. Sie trägt eine Schreibmappe bei sich mit viel Briefpapier, Karten, Federn und Bleistiften, was im Ganzen sehr anfeuernd ist.

Jetzt ist es hier, wie in einer Familie. Draußen regnet es, die Mutter legt Karten und der Sohn schreibt. Sonst ist niemand im Zimmer. Da sie schwerhörig ist, könnte ich ihr auch Mutter sagen.

Trotz meines äußersten Widerwillens gegen das Wort »Typus« halte ich es doch für wahr, daß durch die Naturheilkunde und was damit zusammenhängt ein neuer Typus entsteht, den z. B. Hr. Fellenberg, den ich allerdings nur oberflächlich kenne, repräsentiert. Leute mit dünner Haut, ziemlich kleinem Kopf, übertrieben reinlich aussehend, mit ein, zwei kleinen nicht zu ihnen gehörigen Einzelheiten (bei Hr. F. fehlende Zähne, Bauchansatz), größere Magerkeit, als sie zur Anlage ihres Körpers passend scheint d. h. unterdrücktes Fett, Behandlung ihrer Gesundheit, als wenn es eine Krankheit wäre oder zumindest ein Verdienst (womit ich nicht tadle) mit allen sonstigen Folgen eines so forcierten Gesundheitsgefühls.

In der Opera comique auf der Gallerie. In der ersten Reihe ein Herr im Gehrock und Cylinder, in einer der letzten ein Mann im Hemd (das er vorn noch eingelegt hat, um die Brust frei zu bekommen), bereit ins Bett zu steigen.

Der Trompetenbläser, den ich für einen lustigen, glücklichen Menschen gehalten hätte [denn er ist beweglich, hat scharfe Einfälle, sein Gesicht ist von blondem Bart niedrig umwachsen und endet in einem Spitzbart, er hat gerötete Wangen, blaue Augen, ist praktisch angezogen], hat mich heute im Gespräch über seine Verdauungsbeschwerden mit einem Blick angesehn, der auffallend mit gleicher Stärke aus beiden Augen kam, die Augen förmlich spannte, mich traf und schief in die Erde gieng.

Nationale Streitigkeiten in der Schweiz. Biel eine vor paar Jahren ganz deutsche Stadt ist durch Einwanderung vieler französischer Uhrmacher in Gefahr französiert zu werden. Der Tessiner Canton der einzige italienische will von der Schweiz los. Es gibt eine Irridenta. Die Ital. haben nämlich im 7 gliedrigen Bundesrat keine Vertretung, sie käme ihnen bei ihrer kleinen Zahl (vielleicht 180 000) nur in einem 9 gliedr. zu. Man will aber die Zahl nicht ändern. Die Gotthardbahn war deutsches Privatunternehmen, hatte deutsche Beamte, die gründeten eine deutsche Schule in Bellinzona, jetzt da sie staatlich ist, wollen die Italiener italienische Beamte und Aufhebung der deutschen Schule. Und über das Schulwesen hat tatsächlich nur die Cantonalregierung zu entscheiden. Gesamtbevölkerung ⅔ Deutsche, ⅓ Franzosen u. Italiener.

Der kranke griechische Arzt, der mich mit seinem Husten mitten in der Nacht aus dem Coupe vertrieb, kann wie er behauptet nur Hammelfleisch vertragen. Da er in Wien übernachten muß, bat er mich ihm den deutschen Ausdruck aufzuschreiben.

Trotzdem es regnete, ich später ganz allein war, mein Unglück mir immer gegenwärtig ist, im Speisesaal Gesellschaftsspiele gespielt wurden, an denen ich mich wegen Unfähigkeit nicht beteiligte, ja trotzdem ich endlich nur Schlechtes schrieb fühlte ich doch weder das Häßliche noch das Entehrende weder das Traurige noch das Schmerzliche dieses übrigens organischen Alleinseins, wie wenn ich nur aus Knochen bestünde. Wobei es mir Freude machte daß ich oben auf dem Block meiner verstopften Därme ein bißchen Appetit zu spüren glaubte. Die Dame die sich in einem Zinngeschirr Milch holte, kam zurück und fragte mich, ehe sie sich in ihre Karten wieder einarbeitete: Was schreiben Sie eigentlich? Beobachtungen? Tagebuch? und da sie wußte daß sie meine Antwort nicht verstehen würde, fragte sie gleich weiter »Sind Sie Student?« Ich antwortete ohne an ihre Schwerhörigkeit zu denken: »Nein, aber ich habe studiert« während sie schon wieder Karten legte, ich mit diesem Satz allein blieb und durch sein Gewicht gezwungen, sie noch eine Weile ansah.

Wir sind zwei Männer an einem Tisch mit 6 oder 7 Schweizer Frauen. Wie sich da die entferntesten Schüsseln, wenn ich nur halbwegs den Teller leer habe oder aus Langweile im Saal herumschaue, erheben, in den Händen der Frauen (ich rede sie Frau und Fräulein durch einander an) sich rasch nähern und wenn ich danke und nichts mehr will auf dem gleichen Weg langsam zurückgehn.

Le siège de Paris
par Francisque Sarcey
19. Juli 1870 Kriegserklärung. Die wechselnden Berühmtheiten einiger Tage. – wechselnder Charakter des Buches selbst, während es den wechselnden Charakter von Paris beschreibt. – Lob und Tadel gleicher Dinge. Die Ruhe von Paris nach Niederlagen ist einmal der französische Leichtsinn einmal die franz. Wider-

standsfähigkeit – 4 Sept. nach Sedan Republik – Arbeiter und Nationalgarden schlagen auf Leitern mit Hämmern das N von den öffentl. Gebäuden – Noch 8 Tage nach Proklamierung der Republik war die Begeisterung so groß, daß man für die Befestigungsarbeiten keine Leute bekommen konnte – Die Deutschen sind im Anmarsch. Pariser Witze: Mac-Mahon war bei Sedan gefangen, Bazaine hatte Metz übergeben, endlich haben die 2 Armeen ihre Vereinigung vollzogen – die befohlene Zerstörung der Vorstädte – 3 Monate keine Nachrichten – Niemals hatte Paris einen solchen Appetit wie am Anfang der Belagerung – Gambetta organisierte die Erhebung der Provinz. Einmal glückte es einen Brief von ihm zu bekommen. Statt aber genaue Daten mitzuteilen nach denen alles brannte schrieb er nur que la resistance de Paris faisait l'admiration de l'univers. – Thiers bereist die Höfe – Verrückte Clubversammlungen. Eine Frauenversammlung au gymnase Triat. »Wie sollen die Frauen ihre Ehre gegenüber den Feinden schützen?« Mit dem doigt de Dieu oder besser le doigt prussique. Il consiste en une sorte de dé en caoutchouc que les femmes se mettent au doigt. Au bout de ce dé est un petit tube contenant de l'acide prussique. Kommt ein deutscher Soldat, wird ihm die Hand gereicht, er wird gestochen und angespritzt – Das Institut schickt mit Luftballon einen Gelehrten aus zur Untersuchung der Sonnenfinsternis in Algier – Man aß Kastanien vom vorigen Jahr, die Tiere des jardin des plantes – Es gab paar Restaurants, wo man bis zum letzten Tag alles bekommen konnte – Dieser sergent Hoff der wegen seiner Preußenmorde als Rächer seines Vaters so berühmt geworden war, dann verschwand und für einen Spion gehalten wurde – Zustand der Armee: einzelne Vorposten tranken Brüderschaft mit den Deutschen – Louis Blanc vergleicht die Deutschen mit Mohikanern die Technik studiert haben – am 5 I beginnt das Bombardement. Macht nicht viel. Es war befohlen wenn man Granaten zischen hört sich niederzuwerfen. Straßenjungen auch Erwachsene stellten sich zu Pfützen und rufen von Zeit zu Zeit »Gare l'obus« – Eine Zeitlang war General Chanzy in Paris die Hoffnung, er verlor wie alle andern, man wußte auch schon damals keinen Grund für seine Berühmtheit, trotzdem war die Begeisterung in Paris so stark, daß Sarcey noch als er sein Buch schreibt eine vague grundlose Bewunderung für Chanzy in sich fühlt – Ein Tag aus dem damaligen Paris: Auf den Boulevards war sonnig und schön, ruhige Spaziergänger, gegen Hotel de Ville verändert sich es, dort ist eine Revolte der Kommunarden mit vielen Toten, Truppen kommen. Am linken Ufer zischen die preuß. Granaten. Quai und Brücken sind still. Zurück zum Théâtre-Français. Das Publikum kommt aus einer Vorstellung der Mariage de Figaro. Die Abendblätter erscheinen gerade, dieses Publikum sammelt sich in Gruppen um die Kioske, in den Champs Elysées spielen Kinder, Sonntagsspaziergänger sehen neugierig einer Kavallerie Eskadron zu, welche mit Trompeten vorüberreitet. Aus dem deutschen Brief an die Mutter: Tu n'imagines pas, comme ce Paris est immense mais les Parisiens sont de drôles de gens; ils trompettent toute la journée. –14 Tage war kein warmes Wasser in Paris – Ende Jänner Ende der 4½ monatl. Belagerung

20. ⟨*September 1911*⟩ kameradschaftlicher Verkehr alter Frauen im Coupee. Erzählungen von alten Frauen, die von Automobilen überfahren wurden, ihre Mittel auf der Reise: niemals Sauce essen, das Fleisch herausnehmen, die Augen während der Fahrt geschlossen halten, aber dabei reden, zum Obst Brot essen, kein hartes Kalbfleisch, Herren bitten, einen über die Gassen hinüber zu führen, Kirschen sind das schwerste Obst, die Rettung der alten Frau.

Siamesenkoupee im Mailänder Bahnhof

Junges italienisches Ehepaar im Zug nach Stresa mischt sich mit einem andern im Zug nach Paris. Ein Ehemann ließ sich nur küssen und gab beim Hinausschaun aus dem Fenster nur seine Schulter für ihre Wange her. Als er in der Hitze den Rock auszog und die Augen schloß schien sie ihn genauer anzusehn. Hübsch war sie nicht, sie hatte nur dünnes Lockenhaar um das Gesicht. Die andere aber mit dem Schleier, von dessen blauen Tupfen einer öfters ein Auge verdeckte, deren Nase zu bald abgeschnitten schien, deren Falten um den Mund jugendliche Falten waren, für die Zwecke ihrer jugendlichen Lebhaftigkeit. Ihre Augen fuhren, wenn sie das Gesicht senkte, hin und her, wie ich es bei uns nur bei Leuten mit Augengläsern gesehn habe.

[Bemühungen aller Franzosen mit denen man in Berührung kommt, schlechtes Französisch wenigstens für den Augenblick zu verbessern.]

Junger, schlecht rasierter Geistlicher mit dem Ansichtskartenreisenden, der zu Dutzenden gepackte Karten vorzeigt, die der Geistliche bespricht. Ich schaue ihn, auch ein wenig durch die Hitze beeinflußt so aufmerksam an, daß ich ihm schließlich mit dem ganzen Stiefelabsatz in die Kutte trete. Niente sagt er und spricht weiter immer mit starkem durch italienische Ah! angezeigtem Athemzusetzen.

Mit den unsichern Entschlüssen bezüglich des Hotels im Innern unseres Wagens sitzend scheinen wir auch den Wagen unsicher zu kutschieren, einmal in eine Nebengasse zu rühren, dann ihn wieder in die Hauptrichtung zurückzuziehn und das im Vormittagsverkehr der rue de Rivoli in der Nähe der Halles

---

Erstes Heraustreten auf meinen Balkon und Umblick, wie wenn ich

---

Darstellung der allmählichen Verbesserungen der Cafe Biard Frühstücke

---

Euripides – König von Griechenland

Bettina und Oberst im Teater: Darf Bettina den Kopf auf Deinen Arm legen? Wenn Bettina keine Läuse hat.

Erstes Heraustreten auf meinen Balkon und Umblick wie wenn ich jetzt in diesem Zimmer erwacht wäre, während ich doch von der Nachtfahrt so müde bin, daß ich nicht weiß, ob ich es imstande sein werde für den ganzen Tag in diese Gassen hinauszulaufen, besonders wie ich sie jetzt von oben aus, noch ohne mich sehe.

Anfang der Pariser Mißverständnisse. Max kommt in mein Hotelzimmer herauf und ist darüber aufgeregt, daß ich noch nicht fertig bin und mir das Gesicht wasche, während ich früher doch gesagt hätte, daß wir uns nur ein wenig waschen und gleich weggehn sollen. Da ich mit Wenigwaschen nur das Waschen des ganzen Körpers ausgeschlossen, dagegen damit gerade das Waschen des Gesichtes gemeint habe und damit eben noch nicht fertig bin, verstehe ich seine Vorwürfe nicht und wasche das Gesicht weiter wenn auch nicht so genau wie früher, während sich Max mit dem ganzen Schmutz der Nachtfahrt in seinen Kleidern auf mein Bett setzt, um zu warten. Er hat die Gewohnheit und führt sie auch jetzt vor beim Vorwürfemachen den Mund aber auch das ganze Gesicht süßlich zusammenzuziehn, als suche er dadurch einerseits das Verständnis seiner Vorwürfe zu befördern und als wolle er andererseits zeigen, daß nur dieses süßliche Gesicht, das er gerade hat, ihn davon abhalte mir eine Ohrfeige zu geben. Darin daß ich ihn zu diesem Heuchlerischen gegen seine Natur zwinge liegt noch ein eigener Vorwurf, den er mir dann zu machen scheint wenn er verstummt und sein Gesicht um sich von dem Süßlichen zu erholen, in der entgegengesetzten Richtung also vom Mund weg sich auseinanderspannt, was natürlich viel stärker wirkt als das erste Gesicht. Ich dagegen verstehe es – so war es auch in Paris – so vor Müdigkeit in mich zurückgefallen zu sein, daß mich der Einfluß solcher Gesichter überhaupt nicht erreicht, weshalb ich dann in meinem Jammer so mächtig sein kann, geradewegs aus der vollkommensten Gleichgiltigkeit und ohne jedes Schuldgefühl mich ihm gegenüber entschuldigen zu können. Das beruhigte ihn damals in Paris wenigstens scheinbar so, daß er mit mir auf den Balkon trat und die Aussicht besprach, vor allem, wie pariserisch sie sei. Ich sah eigentlich nur wie frisch er war, wie er sicher zu irgendeinem Paris paßte das ich gar nicht bemerkte, wie er jetzt aus seinem dunklen Hinterzimmer kommend zum erstenmal seit einem Jahr in der Sonne auf einen Pariser Balkon trat und sich dessen würdig bewußt war, während ich leider deutlich müder war, als bei meinem ersten Hinaustreten auf den Balkon ein Weilchen vor Maxens Kommen. Und meine Müdigkeit in Paris kann nicht durch Ausschlafen sondern nur durch Wegfahren beseitigt werden. Manchmal halte ich das sogar für eine Eigentümlichkeit von Paris.

Ich habe das eigentlich ohne Widerwillen geschrieben, auf den Fersen war er mir aber bei jedem Wort

---

Ich bin zuerst gegen die Cafe Biard, weil ich glaube daß man dort nur schwarzen Kafe bekommt. Es zeigt sich daß auch Milch zu haben ist, wenn auch nur mit schlechtem schwammigem Gebäck. Es ist fast die einzige Verbesserung die mir für Paris eingefallen ist, daß man besseres Gebäck in diesen Cafes anschaffen soll. Später komme ich darauf vor dem Frühstück, während Max schon sitzt, in den Seitengassen herumzulaufen und Obst zu suchen. Auf dem Weg zum Cafe esse ich immer ein bißchen weg, damit Max nicht zusehr staunt. Als wir in einem guten Cafeehaus bei der Station der Vers. Dampfbahn den gelungenen Versuch machen Apfelstrudel und Mandelgebäck aus einer Bäckerei unter den Augen eines über uns in der Tür lehnenden Kellners aufzuessen, führen wir das auch im Cafe Biard ein und finden, daß man dadurch abgesehen vom Genuß des feinen Gebäcks zum deutlichern Genuß des eigentlichen Vorteils dieser Cafee kommt, nämlich des vollständigen Unbeachtetseins bei ziemlich leerem Lokal, guter Bedienung, nahe allen Menschen hinter dem Pult und vor der immer geöffneten Ladentür. Nur muß man sich damit abfinden, wenn der Boden gekehrt wird, was wegen des unmittelbar von der Gasse hereinkommenden an dem Pult sich hin und herschiebenden Besuches häufig geschieht und wobei auch von der Gewohnheit nicht abgesehen wird die Gäste nicht zu beachten.

Beim Anblick der kleinen Bars auf der Versailler Dampfbahnstrecke scheint es für ein junges Ehepaar leicht, eine solche Bar zu eröffnen und dabei ein ausgezeichnetes interessantes, risikoloses nur zu bestimmten Tageszeiten anstrengendes Leben zu führen. Sogar auf den Boulevards werden zwischen zwei Seitengassen an der Spitze eines keilförmigen Häuserblocks solche billige Bars im Seitendunkel herangeschoben.

Die Gäste in kalkbespritzten Hemden um die Tischchen der Vorstadtgasthäuser.

Das Rufen einer Frau mit einem kleinen Bücherhandwagen am Abend auf dem Boulevard Poissoniere: Blättert, blättert meine Herren, sucht Euch aus, alles was daliegt wird verkauft. Ohne zum Einkaufen zu drängen ohne auch aufdringlich hinzusehn nennt sie innerhalb ihres Rufens gleich den Preis des Buches, das einer der Umstehenden in die Hand nimmt. Sie scheint nur zu verlangen daß rascher geblättert wird, rascher die Bücher in den Händen wechseln, was man verstehn kann wenn man zusieht, wie hie und da einer, z. B. ich, langsam ein Buch aufhebt, langsam und wenig drin blättert, langsam es hinlegt und endlich langsam weggeht. Das ernste Nennen der Preise von Büchern, deren Unanständigkeit so lächerlich ist, daß man sich einen Kaufabschluß unter den Augen des ganzen Publikums zuerst nicht vorstellen kann.

Um wie viel mehr Entschlußkraft das Kaufen eines Buches vor dem Laden als drinnen verlangt, weil dieses Aussuchen eigentlich nur ein freies Überlegen ist bei zufälliger Gegenwart der ausliegenden Bücher

---

Sitzen auf den zwei einander zugewendeten Sesselchen in den Champs Elysees. Viel zu lang aufbleibende Kinder spielen noch im Halbdunkel, in dem sie die von ihnen in den Sand gezogenen Striche nicht mehr gut sehn.

Die geschlossene Badeanstalt mit einer in der Erinnerung türkisch wirkenden Außenbemalung. Sie ist eisengrau beleuchtet mitten am Nachmittag, weil Sonnenlicht nur durch die Lücken der oben ausgespannten Tücher in einer Ecke mit einzelnen Strahlen kommt und unten das Flußwasser das Ganze verdunkeln hilft. Großer Raum. In einer Ecke eine Bar. Die Schwimmmeister jagen hier und drüben das Bassin entlang laufend einander die Kundschaften ab. Sie treten an den Besucher vor seiner Kabine von der Seite drohend heran und verlangen mit unverständlichen aber beharrlichen Reden ein Sperrgeld. Ein Verlangen in unverständlicher Sprache scheint mir diskret vorgebracht. Grand bains du pont Royal. In den Ecken stehn auf den Stufen Leute die sich gründlich mit Seife abwaschen. Das Seifenwasser um sie herum rührt sich nicht. Man sieht durch die Lücken zum Fluß zu etwas sich vorbeibewegen, es sind Dampfer. Die Ärmlichkeit dieses Schwimmvergnügens zeigt sich, als zwei mit einem alten Seelentränker sich unterhalten, der von einer Wand weggeschoben schon an die gegenüberliegende stößt. Kellergeruch. Schöne grüne Gartenbänke. Viel Deutsch. In einer Schwimmschule hängt über Wasser ein Knotenstrick zum beliebigen Turnen herunter. Wir fragen nach Musee Balzac, ein hübscher Junge mit von der Nässe aufgebauschter Frisur erklärt uns daß wir das Musee Grevin (ein Panoptikum) meinen. Dienstbereit läßt er sich seine Kabine aufmachen, bringt einen kleinen Führer (vielleicht Neujahrsgeschenk eines Etablissements) und findet auch dort das Musee Balzac nicht. Wir haben uns schon innerlich fortwährend bedankt, da wir das voraussahen; und auch dringend abgeraten, es zu suchen. Es steht ja auch im Bottin nicht.

Warum saß am Vormittag im Cassenraum des Teatre Francais ein Polizeimann Gendarm oder Soldat?

Eine dicke Placeuse in der Kom. Oper nimmt uns ziemlich von oben herab etwas Trinkgeld ab. Ich dachte, es liege daran, daß wir mit unsern Teaterkarten in der Hand etwas zu sehr Schritt für Schritt hintereinander heraufgekommen waren und nahm mir vor am nächsten Abend in der Comödie der Placeuse in ihre Augen hinein das Trinkgeld zu verweigern, während ich jetzt vor ihr und mir mich schämend ein großes Trinkgeld gab. Gar als alle andern ohne Trinkgeld hineinkamen. Ich brachte in der Comödie auch meinen Satz heraus, in dem ich das Trinkgeld etwas meiner Meinung nach »nicht unumgängliches« nannte, mußte aber wieder zahlen als die diesmal magere Placeuse klagte, sie sei von der Verwaltung nicht entlohnt und das Gesicht zur Schulter neigte

---

Stiefelputzscene am Anfang. Wie die Kinder, die die Wache begleiten, im gleichen Schritt, die Treppe hinuntergehn. Eindruck der obenhin gespielten Ouverture, so daß die zuspät Kommenden einen leichten Eintritt haben, so pflegt man sonst nur Operetten herzunehmen. Richtige Einfalt der Inscenierung. Schläfrige Statisten, wie bei allen Vorstellungen die ich in Paris gesehen während sie bei uns oft schlecht zurückgehaltene Lebendigkeit haben. Der Esel für den ersten Akt Carmen vor dem Teatereingang in der engen Gasse von Teaterleuten und etwas Straßenpublikum umgeben, wartet im Halbdunkel, bis die kleine Eingangstür frei wird. Ich kaufe auf der Freitreppe fast mit Bewußtsein eines jener falschen Programme, wie sie vor allen Teatern verkauft werden. Eine Ballerine tanzt für Carmen in der Schmugglerkneipe. Wie ihr stummer Körper beim Gesang Carmens arbeitet. Später aus Einzelheiten zusammengesetzter Tanz Carmens, der aber doch wegen ihrer Verdienste in der bisherigen Vorstellung eigentlich viel schöner ist. Es sieht aus als hätte sie vor der Vorstellung einige eilige Lektionen bei der Hauptballerine genommen. Das Rampenlicht macht ihre Sohlen weiß, wenn sie am Tisch lehnt, jemandem zuhört und die Füße unter dem grünen Rock gegeneinander spielen läßt.

Ein Mensch der kein Tagebuch hat, ist einem Tagebuch gegenüber in einer falschen Position. Wenn dieser z. B. in Goethes Tagebuch liest, daß dieser am 11. Januar 1797 den ganzen Tag zuhause mit verschiedenen Anordnungen beschäftigt, so scheint es diesem Menschen, daß er selbst noch niemals so wenig gemacht hat.

Für den letzten Akt sind wir schon zu müde (ich war es schon für den vorletzten) gehn weg und setzen uns in eine Bar gegenüber der Opera comique wo Max in seiner Müdigkeit mich mit Sodawasser ganz bespritzt und ich in meiner Müdigkeit vor Lachen mich nicht halten kann und mir die Grenadine durch die Nase jage. Inzwischen fängt wohl der letzte Akt an, wir wandern nach Hause

---

Auf diesem Platz wurde mir nach der Hitze im Teater, wo ich die heiße Luft durch das offene Hemd an meine Brust gefächelt hatte, die Nachtluft, das Sitzen im Freien, das Ausstrecken der Beine auf einen städtischen Platz hinaus besonders bewußt, trotzdem die erleuchtete große Teaterfacade mit den Seitenlichtern der Kaffeehäuser des Teaters ausreichte, den kleinen Platz, besonders seinen Boden bis unter die Tischchen hin wie ein Zimmer zu beleuchten.

Herr im Foyer, der zwei Damen unterhält, in einem Frackanzug, der etwas lose hängt und der wenn er nicht neu wäre nicht hier getragen würde und besser paßte historisch sein könnte. Monokel fallen gelassen und wieder aufgenommen. Klopft wenn das Gespräch stockt, unsicher mit seinem Stock auf. Steht immer mit Armzuckungen, wie wenn er jeden Augenblick die Absicht hätte mit ausgestrecktem Arm seinen Damen mitten durch die Menge Platz zu machen. Ausgezogene, abgenützte Gesichtshaut.

Eigenschaft der deutschen Sprache im Munde von Ausländern, die sie nicht beherrschen und meist auch nicht beherrschen wollen, schön zu werden. Soweit wir Franzosen beobachtet haben, konnten wir niemals sehn, daß sie sich über unsere Fehler im französischen freuten oder auch nur diese Fehler hörenswert fanden und selbst wir deren Französisch nur wenig französisches Sprachgefühl hervorbringen kann,

fortzusetzen!

Die von mir aus glücklichen Köche und Kellner die nach dem allgemeinen Essen Salat Bohnen und Erdäpfel essen, Mischungen davon in großen Schüsseln machen, von jeder Speise nur wenig nehmen, trotzdem ihnen viel gereicht wird und von der Ferne so aussehn wie Köche und Kellner bei uns. – Kellner dessen Mund und Bärtchen elegant zusammengezogen ist und der mich an einem Tag meiner Meinung nach nur deshalb bedient, weil ich müde, ungeschickt, gedankenlos und unsympatisch bin und daher selbst mir kein Essen verschaffen könnte, während er es mir bringt fast ohne es zu merken.

Bei Duval am Boulevard Sebastopol in der Abenddämmerung. Drei Gäste im Lokal verstreut. Die Kellnerinnen leise miteinander redend. Die Kassa noch leer. Ich bestelle einen Jogurth dann noch einen. Die Kellnerin bringt es still, das Halbdunkel des Lokals trägt zu der Stille auch bei, sie nimmt auch still die Bestecke weg, die für das Abendessen auf meinem Platz vorbereitet waren und mich beim Trinken hindern könnten. Es war mir sehr angenehm, Duldung und Verständnis für meine Leiden bei einer Frau ahnen zu können, die so still war.

Lächerliches Restaurant in der Rue Richelieu. Gedrängt voll. Häßlicher Anblick des Rauches vor Spiegelscheiben. Regelmäßig verteilte mit Hüten vollgehängte Kleiderrechen wie Bäume. Sitte der Geländer zwischen Tischen. Gleich nachdem die Täuschung des ungeschickten Ausländers, wo ein geländerartiger Rahmen sei müsse auch eine Glasscheibe stecken, dadurch aufgeklärt wird, daß man frech in die Scheibe schaut in der man das Spiegelbild entfernter Gäste zu sehen meint und durch den Gegenblick einsieht, daß man es mit wirklichen Gesichtern zu tun hat – fühlt man wie solche Geländer zwischen aneinander gestellten Tischen gerade viel für die Annäherung tun.

Im Louvre von einer Bank zur andern. Schmerz, wenn eine ausgelassen wird.

Gedränge im Salon Carré, erregte Stimmung, gruppenweises Stehn wie wenn die Mona Lisa gerade gestohlen worden wäre.

Annehmlichkeit der Querstangen vor den Bildern, an denen man lehnen kann, besonders im Saal der Primitiven.

Dieser Zwang mit Max seine Lieblingsbilder anzusehn, da ich zu müde bin, selbst herumzuschauen. Bewundernder Aufblick

---

Die Kraft einer großen jungen Engländerin, die mit ihrem Begleiter im längsten Saal von einem Ende aus zum andern geht.

Anblick Maxens, wie er vor Aristide unter einer Straßenlaterne Phädra liest und sich bei dem kleinen Druck die Augen verdirbt. Warum folgt er mir niemals. Ich profitiere leider noch davon, da er mir auf dem Weg zum Teater alles erzählt, was er auf der Gasse, während ich genachtmahlt habe aus seiner Phädra herausgelesen hat. Kurzer Weg, Anstrengung Maxens mir alles, alles, zu erzählen, auch Anstrengung meinerseits.

Militärisches Schauspiel im Foyer. Soldaten regeln nach militärischen Grundsätzen das Vortreten des einige Meter von der Kassa zurückgedrängten Publikums.

Vermeintliche Claqueurin in unserer Reihe. Ihr Applaus scheint dem Stockaufschlagen des über uns im letzten Rang beschäftigten Oberclaqueurs zu folgen. Sie klatscht mit so weit vorgebeugtem abwesendem Gesicht, daß sie, wenn der Applaus zu Ende ist, erstaunt besorgt die Innenfläche ihrer durchbrochenen Handschuhe anschaut. Fängt aber gleich wieder an wenn es nötig wird. Klatscht aber schließlich auch selbständig und ist gar keine Claqueurin.

Das Gefühl der Ebenbürtigkeit gegenüber dem Stück, das die Teaterbesucher haben müssen, um gegen Ende des ersten Aktes anzukommen und reihenlang Leute zum Aufstehen zu bringen. Eine Dekoration die 5 Akte durch stehen bleibt, trägt viel zum Ernst bei und ist, selbst wenn sie nur aus Papier besteht, solider als eine wechselnde aus Holz und Stein.

Eine gegen das Meer und die blaue Luft gehaltene Säulengruppe in der Höhe von Schlingpflanzen überwachsen. Unmittelbarer Einfluß des Gastmahles von Veronese, auch Claude Lorrains.

Der ob geschlossen, sich öffnend oder offen gleich ruhig geschwungene Mund Hypolits.

Oenone, leicht in dauernde Stellungen geratend, einmal aufgerichtet, die Beine eng vom Tuch umbunden, den Arm gehoben, mit ruhiger Faust, trägt sie einen Vers vor. Viele langsame Verhüllungen der Gesichter mit den Händen. Graue Farbe der Berater der Hauptpersonen.

Unzufriedenheit mit der Darstellerin der Phädra in der Erinnerung an die Befriedigung die ich über die Rachel als Mitgl. der Comedie Francais hatte, wann immer ich von ihr gelesen habe.

Bei so überraschendem Anblick wie es die erste Szene ist, wo Hypolite den unbewegten manneslangen Bogen neben sich hält, mit der Absicht dem Pädagogen sich anzuvertrauen, und den ruhigen stolzen Blick ins Publikum gerichtet seine Verse wie ein Festgedicht aufsagt, hatte ich wie oft schon früher den allerdings sehr schwachen Eindruck daß es zum erstenmal geschieht und in meine übrige Bewunderung mischte sich die Bewunderung des gleich erstmaligen Gelingens.

Erinnerung an die Aufführung von »Des M. u. d. L. Wellen« in Reichenberg. Es waren dort zartere, schwächere Schauspieler,

wird fortgesetzt

Rationell eingerichtete Bordelle. Die reinen Jalousien der großen Fenster des ganzen Hauses herabgelassen. In der Portierloge statt eines Mannes ehrbar angezogene Frau, die überall zu Hause sein könnte. Schon in Prag habe ich immer den amazonenmäßigen Charakter der Bordelle flüchtig bemerkt. Hier ist es noch deutlicher. Der weibliche Portier der sein elektr. Läutewerk in Bewegung setzt, der uns in seiner Loge zurückhält, weil ihm gemeldet wird, daß gerade Gäste die Treppe herabkommen, die zwei ehrbaren Frauen oben (warum zwei?) die uns empfangen, das Aufdrehen des elektr. Lichtes im Nebenzimmer in dem die unbeschäftigten Mädchen im Dunkel oder Halbdunkel saßen, der ¾ Kreis (wir ergänzen ihn zum Kreis) in dem sie um uns in aufrechten auf ihren Vorteil bedachten Stellungen stehn, der große Schritt, mit dem die Erwählte vortritt, der Griff der Madame mit dem sie mich auffordert ... ich mich zum Ausgang gezogen fühle. Unmöglich mir vorzustellen wie ich auf die Gasse kam, so rasch war es. Schwer ist die Mädchen dort genauer anzusehn, weil sie zu viele sind, mit den Augen blinzeln, vor allem zu nahe stehn. Man müßte die Augen aufreißen und dazu gehört Übung. In der Erinnerung habe ich eigentlich nur die, welche gerade vor mir stand. Sie hatte lückenhafte Zähne, streckte sich in die Höhe, hielt mit der über der Scham geballten Faust ihr Kleid zusammen und öffnete und schloß gleich und schnell die großen Augen und den großen Mund. Ihr blondes Haar schien zerrauft. Sie war mager. Angst davor nicht zu vergessen den Hut nicht abzunehmen. Man muß sich die Hand von der Krempe reißen. Einsamer, langer sinnloser Nachhauseweg.

Ansammlung der Besucher vor dem Öffnen des Louvre. Die Mädchen sitzen zwischen den hohen Säulen, lesen im Bädeker, schreiben Ansichtskarten.

Venus von Milo, deren Anblick bei dem langsamsten Umgehn schnell und überraschend wechselt. Leider eine erzwungene (über Taille und Hülle) aber einige wahre Bemerkungen gemacht, zu deren Erinnerung ich eine plastische Reproduktion nötig hätte, besonders darüber wie das gebogene linke Knie den Anblick von allen Seiten mitbestimmt, manchmal aber nur sehr schwach. Die erzwungene Bemerkung: Man erwartet, daß über der aufhörenden Hülle der Leib sich gleich verjüngt, er wird aber zunächst sogar noch breiter. Das fallende vom Knie gehaltene Kleid.

Der Borghesische Fechter, dessen Vorderblick nicht der Hauptanblick ist, denn er bringt den Beschauer zum Zurückweichen und ist zerstreuter. Von hinten aber gesehen, dort wo der Fuß zuerst auf dem Boden ansetzt, wird der überraschte Blick das fest gezogene Bein entlang gelockt und fliegt geschützt über den unaufhaltsamen Rücken zu dem nach vorn gehobenen Arm und Schwert.

Die Metro schien mir damals sehr leer, besonders wenn ich es mit jener Fahrt vergleiche, als ich krank und allein zum Rennen gefahren bin. Das Aussehn der Metro unterliegt auch abgesehn vom Besuch dem Einfluß des Sonntags. Die dunkle Stahlfarbe der Wände überwog. Die Arbeit der die Waggontüren auf- und zuschiebenden und dazwischen sich hinein und herausschwingenden Schaffner stellte sich als eine Sonntagnachmittagsarbeit heraus. Die langen Wege zur Correspondence wurden langsam gegangen. Die unnatürliche Gleichgültigkeit der Passagiere mit der sie die Fahrt in der Metro hinnehmen wurde deutlicher. Das sich gegen die Glastüre wenden, das Aussteigen einzelner an unbekannten Stationen weit von der Oper wird als launenhaft empfunden. Sicher ist in den Stationen trotz der elektr. Beleuchtung das wechselnde Tageslicht zu bemerken, besonders wenn man gerade heruntergestiegen ist, merkt man es, besonders dieses Nachmittagslicht, knapp vor der Verdunkelung. Die Einfahrt in die leere Endstation der porte Dauphine, Menge von sichtbar werdenden Röhren, Einblick in die Schleife, wo die Züge die einzige Kurve machen dürfen nach so langer geradlinieger Fahrt. Tunnelfahrten in der Eisenbahn sind viel ärger, keine Spur von der Bedrückung, die der Passagier unter dem wenn auch zurückgehaltenen Druck der Bergmassen fühlt. Man ist auch nicht weit von den Menschen sondern eine städtische Einrichtung, wie z. B. das Wasser in den Leitungen. Das Zurückspringen beim Aussteigen, mit dem dann folgenden verstärkten Vorgehn. Dieses Aussteigen auf ein gleiches Niveau. Meist verlassene kleine Schreibzimmer mit Telephon und Läutewerk dirigieren den Betrieb. Max schaut gern hinein. Schrecklich war der Lärm der Metro, als ich mit ihr zum erstenmal im Leben vom Montmartre auf die großen Boulevards gefahren bin. Sonst ist er nicht arg, verstärkt sogar das angenehme ruhige Gefühl der Schnelligkeit. Die Reklame von Dubonnet ist sehr geeignet von traurigen und unbeschäftigten Passagieren gelesen, erwartet und beobachtet zu werden. Ausschaltung der Sprache aus dem Verkehr, da man weder beim Zahlen, noch beim Ein- u. Aussteigen zu reden hat. Die Metro ist wegen ihrer leichten Verständlichkeit für einen erwartungsvollen und schwächlichen Fremden, die beste Gelegenheit, sich den Glauben zu verschaffen, richtig und rasch im ersten Anlauf in das Wesen von Paris eingedrungen zu sein.

Die Fremden erkennt man daran, daß sie oben schon auf dem letzten Absatz der Metrotreppe sich nicht mehr auskennen, sie verlieren sich nicht, wie die Pariser, aus der Metro übergangslos in das Straßenleben. Auch stimmt beim Herauskommen die Wirklichkeit erst langsam mit der Karte überein, da wir auf diesen Platz, wo wir jetzt nach dem Heraufkommen hingestellt sind, niemals zu Fuß oder zu Wagen gekommen wären, ohne Führung der Karte. Die Erinnerung an Spaziergänge in Anlagen ist immer schön. Freude daran, daß es noch so hell ist, aufpassen, daß es nicht rasch dunkel wird, davon und von der Müdigkeit ist Gangart und Herumschauen beherrscht. Die straffe Fahrt der Automobile auf der großen glatten Straße. Das rotgekleidete Orchester das im Lärm der Automobile im kleinen Gartenrestaurant unhörbar nur zum Genuß der nächsten Umgebung auf den Instrumenten arbeitet. Nie gesehene Pariser führen einander an der Hand. Verbranntes erdfarbenes Gras. Männer in Hemdärmeln mit ihren Familien im Halbdunkel der Bäume in Beeten zu denen der Zutritt schon vorher verboten war. Hier war das Fehlen der Juden am auffallendsten. Der Rückblick zur kleinen Dampfbahn, die sich aus einem Karoussel abgewickelt und weggefahren zu sein scheint. Der Weg zum See. Meine stärkste Erinnerung vom ersten Anblick dieses Sees ist der gebeugte Rücken des Mannes, der zu uns ins Boot unter das gespannte Tuchdach geneigt, uns die Fahrkarten reichte. Wahrscheinlich infolge meiner Sorge um die Karte und meiner Unfähigkeit, den Mann zu einer Erklärung zu zwingen, ob das Boot den See umfahre oder zur Insel übersetze und ob es Haltestellen habe. Deshalb habe ich mich so in ihn verschaut, daß ich ihn manchmal allein über den See gerade so stark aber ohne Boot gebeugt sehe. Viele Leute in Sommerkleidern auf der Landungsstelle. Boote mit ungeschickten Ruderern. Niedriges Seeufer ohne Geländer. Langsame Fahrt, erinnert mich an Spaziergänge, die ich vor einigen Jahren jeden Sonntag allein gemacht habe. Herausziehn der Füße aus dem Wasser auf dem Bootsgrund. Beim Anhören unseres Tschechisch Erstaunen der Passagiere, sich mit derartig Fremden in ein Boot gesetzt zu haben. Viele Menschen auf den Abhängen des Westufers, eingepflanzte Stöcke, ausgebreitete Zeitungen, Mann mit seinen Töchtern flach im Gras, wenig Lachen, niedriges Ostufer, bei uns schon seit langem abgeschaffte Wegbegrenzung aus kleinen, aneinandergefügten gebogenen Hölzchen, geeignet Schooßhündchen vom Rasen abzuhalten, ein wilder Hund lauft über die Wiesen, ernst arbeitende Ruderer mit einem Mädchen in ihrem schweren Boot. Ich lasse Max besonders einsam bei einer Grenadine im Dunkel am Rande eines halb leeren Kaffeegartens, wo nahe eine Straße vorübergeht, die wieder von einer andern unbekannten förmlich flüchtig gekreuzt wird. Automobile und Wagen fahren von dieser dunklen Kreuzungstelle in noch wüstere Gegenden. Ein großes eisernes Gitter gehört vielleicht zum Verzehrungssteueramt, ist aber geöffnet und läßt jeden durch. In der Nähe sieht man das grelle Licht des Lunaparks das die Unordnung dieses Halbdunkels vergrößert. So viel Licht und so leer. Auf dem Weg zum Lunapark und zu Max zurück stolpere ich vielleicht 5 mal.

Montag 11. Sept. ⟨*1911*⟩ Auf dem Asphaltpflaster sind die Automobile leichter zu dirigieren aber auch schwerer einzuhalten. Besonders wenn ein einzelner Privatmann am Steuer sitzt, der die Größe der Straßen, den schönen Tag, sein leichtes Automobil, seine Chauffeurkenntnisse für eine kleine Geschäftsfahrt ausnützt und dabei an Kreuzungsstellen sich mit dem Wagen so winden soll, wie die Fußgänger auf dem Trottoir. Darum fährt ein solches Automobil knapp vor der Einfahrt in eine kleine Gasse noch auf dem großen Platz in ein Tricykle hinein, hält aber elegant, tut ihm nicht viel, tritt ihm förmlich nur auf den Fuß, aber während ein Fußgänger mit einem solchen Fußtritt desto rascher weiter eilt, bleibt das Tricykle stehn und hat das Vorderrad verkrümmt. Der Bäckergehilfe, der auf diesem der Firma – gehörigen Wagen bisher vollständig sorglos mit jenem den Dreirädern eigentümlichen schwerfälligen Schwanken dahingefahren ist, steigt ab, trifft den Automobilisten, der ebenfalls absteigt und macht ihm Vorwürfe, die durch den Respekt vor einem Automobilbesitzer gedämpft und durch die Furcht vor seinem Chef angefeuert werden. Es handelt sich nun zuerst darum zu erklären, wie es zu dem Unfall gekommen. Der Automobilbesitzer stellt mit seinen erhobenen Handflächen das heranfahrende Automobil dar, da sieht er das Trycykle das ihm in die Quere kommt, die rechte Hand löst sich ab und warnt durch Hin- und Herfuchteln das Tricykle, das Gesicht ist besorgt, denn welches Automobil kann auf diese Entfernung bremsen. Wird es das Tricykle einsehn und dem Automobil den Vortritt lassen? Nein, es ist zu spät, die Linke läßt vom Warnen ab, beide Hände vereinigen sich zum Unglücksstoß, die Knie knicken ein, um den letzten Augenblick zu beobachten. Es ist geschehn und das still dastehende verkrümmte Tricykle kann schon bei der weitern Beschreibung mithelfen. Dagegen kann der Bäckergehilfe nicht gut aufkommen. Erstens ist der Automobilist ein gebildeter lebhafter Mann, zweitens ist er bis jetzt im Automobil gesessen, hat sich ausgeruht, kann sich bald wieder hineinsetzen und weiter ausruhn und drittens hat er von der Höhe des Automobils den Vorgang wirklich besser gesehn. Einige Leute haben sich inzwischen angesammelt und stehen wie es die Darstellung des Automobilisten verdient nicht eigentlich im Kreise um ihn, sondern mehr vor ihm. Der Verkehr muß sich inzwischen ohne den Platz behelfen, den diese Gesellschaft einnimmt, die überdies nach den Einfällen des Automobilisten hin und her rückt. So ziehn z. B. einmal alle zum Tricykle um den Schaden von dem so viel gesprochen worden ist, einmal genauer anzusehn. Der Autom. hält ihn nicht für arg, (einige halten in mäßig lauten Unterredungen zu ihm) trotzdem er sich nicht mit dem bloßen Hinschauen begnügt sondern rund herumgeht, oben hinein und unten durch schaut. Einer, der schreien will, setzt sich, da der Aut. Schreien nicht braucht, für das Tricykle ein; er bekommt aber sehr gute und sehr laute Antworten von einem neu auftretenden fremden Mann, der wenn man sich nicht beirren läßt, der Begleiter des Aut. gewesen ist. Einigemale müssen einige Zuhörer zusammen lachen, beruhigen sich aber immer mit neuen sachl. Einfällen. Nun besteht eigentlich keine große Meinungsversch. zwischen Aut. u. Bäck., der Aut. sieht sich von einer kleinen freundlichen Menschenmenge umgeben, die er überzeugt hat, der Bäckerjunge läßt von seinem einförmigen Armeausstrecken und Vorwürfemachen langsam ab, der Aut. leugnet ja nicht daß er einen kleinen Schaden angerichtet hat, gibt auch durchaus dem Bäck. nicht alle Schuld, beide haben Schuld, also keiner, solche Dinge kommen eben vor u. s. w. Kurz die Angelegenheit würde schließlich in Verlegenheit ablaufen, die Stimmen der Zuschauer, die schon über den Preis der Reparatur beraten, müßten abverlangt werden, wenn man sich nicht daran erinnern würde, daß man einen Polizeimann holen könnte. Der Bäckerjunge der in eine immer untergeordnetere Stellung zum Au. geraten ist, wird von ihm einfach um einen Pol. geschickt, und vertraut sein Tricykle dem Schutz des Aut. Nicht mit böser Absicht, denn er hat es nicht nötig, eine Partei für sich zu bilden, hört er auch in Abwesenheit des Gegners mit seinen Beschreibungen nicht auf. Weil man rauchend besser erzählt, dreht er sich eine Cigarette. In seiner Tasche hat er ein Tabaklager. Neu ankommende Uninformierte und wenn es auch nur Geschäftsdiener sind werden systematisch zuerst zum Automobil, dann zum Tricykle geführt und dann erst über die Details unterrichtet. Hört er aus der Menge von einem weiter hinten Stehenden einen Einwand, beantwortet er ihn auf den Fußspitzen, um dem ins Gesicht sehn zu können. Es zeigt sich, daß es zu umständlich ist, die Leute zwischen Aut. u. T. hin und herzuführen, deshalb wird das Automobil mehr zum Trottoir in die Gasse hineingefahren. Ein ganzes Tricykle hält und der Fahrer sieht sich die Sache an. Wie zur Belehrung über die Schwierigkeiten des Automobilfahrens ist ein großer Motoromnibus mitten auf dem Platz stehn geblieben. Man arbeitet vorn am Motor. Die ersten die sich um den Wagen niederbeugen sind seine ausgestiegenen Passagiere im richtigen Gefühl ihrer nähern Beziehung. Inzwischen hat der Aut. ein wenig Ordnung gemacht und auch das Tr. mehr zum Trottoir geschoben. Die Sache verliert ihr öffentl. Interesse. Neu Ankommende müssen schon erraten, was eigentlich geschehen ist. Der Aut. hat sich mit einigen alten Zusch. die als Zeugen Wert haben, förmlich zurückgezogen und spricht mit ihnen leise. Wo wandert aber inzwischen der arme Junge herum? Endlich sieht man ihn in der Ferne, wie er mit dem Pol. den Platz zu durchqueren anfängt. Man war nicht ungeduldig aber das Interesse zeigt sich sogleich aufgefrischt. Viele neue Zuschauer treten auf, die auf billige Weise den äußersten Genuß der Protokollaufnahme haben werden. Der Aut. löst sich von seiner Gruppe und geht dem Pol. entgegen, der die Angeleg. sofort mit der gleichen Ruhe aufnimmt, welche die Beteiligten erst durch halbstündiges Warten sich verschafft haben. Die Protaufnahme beginnt ohne lange Untersuch. Der P. zieht aus seinem Notizbuch mit der Schwerfälligkeit eines Bauarbeiters einen alten schmutzigen aber leeren Bogen Papier, notiert die Namen der Beteiligten, schreibt die Bäckerfirma auf und geht um dies genau zu machen schreibend um das Tricykle herum. Die unbewußte unverständige Hoffnung aller Anwesenden auf eine sofortige sachliche Beendigung der ganzen Angel. durch den Pol. geht in eine Freude an den Einzelheiten der Protauf. über. Diese Pr. stockt bisweilen. Der Pol. hat sein Prot. etwas in Unord. gebracht und in der Anstrengung es wieder herzustellen, hört und sieht er weilchenweise nichts anderes. Er hat nämlich den Bogen an einer Stelle zu beschreiben angefangen, wo er aus irgend einem Grunde nicht hätte anfangen dürfen. Nun ist es aber doch geschehn und sein Staunen darüber erneuert sich öfters. Er muß den Bogen immerfort wieder umdrehn, um den schlechten Protanfang zu glauben. Da er aber von diesem schlechten Anfang bald abgelassen und auch anderswo zu schreiben angefangen hat, kann er, wenn eine Spalte zu Ende ist, ohne großes Auseinanderfalten und Untersuchen unmöglich wissen, wo er richtigerweise fortzusetzen hat. Die Ruhe die dadurch die Angeleg. gewinnt, läßt sich mit jener frühern durch die Bet. allein erreichten gar nicht vergleichen.

»Trauriger an tote Großväter erinnernder Anblick«

Auf Goethes und Schillers Spuren: Weimar (Juni/Juli 1912)

Abfahrt nach Weimar 5 Uhr. Das ältere Fräulein im Coupé. Dunkle Haut. Schöne Rundungen an Kinn und Wangen. Wie sich die Näthe der Strümpfe um ihre Beine drehten, sie hatte das Gesicht mit der Zeitung verdeckt und wir sahen die Beine an. Weimar. Auch sie steigt dort aus, nachdem sie einen großen alten Hut angezogen hatte. Ich sah sie später einmal, als ich vom Marktplatz aus das Goethehaus beobachtete. Langer Weg zum Hotel Chemnitius. Fast den Mut verloren. Suchen der Badeanstalten. Dreiteilige Appartements, die man uns anweist. Max soll in einem Loch mit einer Luke schlafen. Freibad am Kirschberg. Schwanensee. Gang in der Nacht zum Goethehaus. Sofortiges Erkennen. Gelbbraune Farbe des Ganzen. Fühlbare Beteiligung unseres ganzen Vorlebens an dem augenblicklichen Eindruck. Das Dunkel der Fenster der unbewohnten Zimmer. Die helle Junobüste. Anrühren der Mauer. Ein wenig herabgelassene weiße Rouleaux in allen Zimmern. 14 Gassenfenster. Die vorgehängte Kette. Kein Bild gibt das Ganze wieder. Der unebene Platz, der Brunnen, die dem ansteigenden Platz folgende gebrochene Baulinie des Hauses. Die dunklen etwas länglichen Fenster in das Braungelbe eingelegt. Das auch an und für sich auffallendste bürgerliche Wohnhaus in Weimar.

Sonntag 30 ⟨*Juni 1912*⟩ Vormittag. Schillerhaus. Verwachsene Frau, die vortritt und mit ein paar Worten, hauptsächlich durch die Tonart das Vorhandensein dieser Andenken entschuldigt. Auf der Treppe Klio als Tagebuchführerin. Bild der 100 jähr. Geburtstagsfeier 10 Nov. 1859, das ausgeschmückte, verbreiterte Haus. Italienische Ansichten, Bellagio, Geschenke Goethes. Nicht mehr menschliche Haarlocken, gelb und trocken wie Grannen. Maria Pawlovna, zarter Hals, Gesicht nicht breiter, große Augen. Die verschiedensten Schillerköpfe. Gute Anlage einer Schriftstellerwohnung. Wartezimmer, Empfangszimmer, Schreibzimmer, Schlafalkoven. Frau Junot, seine Tochter ihm ähnlich. »Baumzucht im Großen nach Erfahrungen in Kleinen«, Buch seines Vaters.

Goethehaus. Repräsentationsräume. Flüchtiger Anblick des Schreib- und Schlafzimmers. Trauriger an tote Großväter erinnernder Anblick. Dieser seit Goethes Tod fortwährend wachsende Garten. Die sein Arbeitszimmer verdunkelnde Buche. Schon als wir im Treppenhaus unten saßen, lief sie mit ihrer kleinen Schwester an uns vorüber. Der Gipsabguß eines Windspiels, der unten im Treppenhaus steht, gehört in meiner Erinnerung mit zu diesem Laufen. Dann sahn wir sie wieder im Junozimmer, dann beim Ausblick aus dem Gartenzimmer. Ihre Schritte und ihre Stimme glaubte ich noch, öfters zu hören. Zwei Nelken durch das Balkongeländer gereicht. Zu später Eintritt in den Garten. Max sieht sie oben auf einem Balkon. Sie kommt herunter, später erst, mit einem jungen Mann. Ich danke im Vorübergehn dafür, daß sie uns auf den Garten aufmerksam gemacht hat. Wir gehn aber noch nicht weg. Die Mutter kommt, es entsteht Verkehr im Garten. Sie steht bei einem Rosenstrauch. Ich gehe von Max gestoßen hin, erfahre von dem Ausflug nach Tiefurt. Ich werde auch hingehn. Sie geht mit ihren Eltern. Sie nennt ein Gasthaus, von dem aus man die Tür des Goethehauses beobachten kann. Gasthaus zum Schwan. Wir sitzen zwischen Epheugestellen. Sie tritt aus der Haustür. Ich laufe hin, stelle mich allen vor, bekomme die Erlaubnis mitzugehn und laufe wieder zurück. Später kommt die Familie ohne Vater. Ich will mich anschließen, nein, sie gehn erst zum Kaffee, ich soll mit dem Vater nachkommen. Sie sagt, ich soll um 4 ins Haus hineingehn. Ich hole den Vater nach Abschied von Max. Gespräch mit dem Kutscher vor dem Tor. Weg mit dem Vater. Gespräch über Schlesien, Großherzog, Goethe, Nationalmuseum, Photographieren und Zeichnen und das nervöse Zeitalter. Halt vor dem Haus, wo sie Kaffee trinken. Er läuft hinauf, um alle zum Erkerfenster zu rufen, weil er photographieren wird. Aus Nervosität mit einem kleinen Mädchen Ball gespielt. Weg mit den Männern, vor uns die zwei Frauen, vor ihnen die 3 Mädchen. Ein kleiner Hund lauft zwischen uns hin und her. Schloß in Tiefurt. Besichtigung mit den 3 Mädchen. Sie hat vieles von den Sachen auch im Goethehaus und besser. Erklärungen vor den Wertherbildem. Zimmer des Fräulein von Göchhausen. Die zugemauerte Tür. Der nachgemachte Pudel. Dann Aufbruch mit den Eltern. Zweimaliges Photographieren im Park. Eines auf einer Brücke, das nicht gelingen will. Endlich auf dem Rückweg endgiltiger Anschluß ohne rechte Beziehung. Regen. Die Erzählungen von Breslauer Karnevalsscherzen beim Archiv. Abschied vor dem Haus. Mein Herumstehn in der Seifengasse. Max hat inzwischen geschlafen. Abend 3maliges unverständliches Treffen. Sie mit ihrer Freundin. Zum erstenmal begleiten wir sie. Ich kann abend nach 6 immer in den Garten kommen. Jetzt muß sie nachhause. Dann wieder Zusammentreffen auf dem für ein Duell vorbereiteten Rundplatz. Sie sprechen mit einem jungen Mann mehr feindlich, als freundlich. Warum sind sie aber nicht schon zuhause geblieben, da wir sie doch bis auf den Goetheplatz begleitet hatten. Sie hatten doch eiligst nachhause müssen. Warum rannten sie aber jetzt, offenbar ohne überhaupt zuhause gewesen zu sein, von dem jungen Mann verfolgt oder um ihm zu begegnen aus der Schillerstraße heraus, die kleine Treppe hinab, auf den abseits gelegenen Platz? Warum drehten sie sich dort, nachdem sie auf 10 Schritte Entfernung mit dem jungen Mann paar Worte gesprochen und scheinbar seine Begleitung abgelehnt hatten, wieder um und liefen allein zurück? Hatten wir sie gestört, die wir nur mit einfachem Gruß vorüber gegangen waren? Später giengen wir langsam zurück; als wir auf den Goetheplatz kamen, liefen sie uns schon wieder aus einer andern Gasse offenbar sehr erschreckt fast in die Hände. Wir drehten uns aus Schonung um. Aber sie hatten also schon wieder einen Umweg gemacht.

Montag 1 Juli *⟨1912⟩*. Gartenhaus am Stern. Im Gras davor gezeichnet. Den Vers auf dem Ruhesitz auswendig gelernt. Kofferbett. Schlaf. Papagei im Hof, der Grete ruft. Nutzlos in die Erfurter Allee gegangen, wo sie nähn lernt. Baden.

Dienstag 2 *⟨Juli 1912⟩* Goethehaus. Mansarden. Beim Hausmeister die Photographien angesehn. Herumstehende Kinder. Photographiegespräche. Fortwährendes Aufpassen auf eine Gelegenheit mit ihr zu sprechen. Sie geht ins Nähen mit einer Freundin. Wir bleiben zurück. – Nachmittag Liszthaus. Virtuosenhaft. Die alte Pauline. Liszt von 5–8 Uhr gearbeitet, dann Kirche, dann zweiter Schlaf, von 11 an Besuche. Max im Bad, ich hole die Photographien, treffe sie vorher, komme mit ihr vors Tor. Der Vater zeigt mir die Bilder, ich bringe Photographieständer, endlich muß ich doch gehn. Sie lächelt mir sinnlos nutzlos hinter dem Rücken des Vaters zu. Traurig. Einfall, die Photographien vergrößern zu lassen. In die Drogerie. Wieder zurück ins Goethehaus wegen des Negativs. Sie sieht mich vom Fenster aus und öffnet. – Vielfaches Treffen der Grete. Beim Erdbeeressen; vor Werthers Garten, wo ein Koncert ist. Ihre Beweglichkeit des Körpers im losen Kleid. Die großen Officiere, die aus dem »russischen Hof« kommen. Vielerlei Uniformen. Die schlanken, starken in den dunklen Kleidern. – Die Rauferei in der entlegenen Gasse. »Du mußt schon der schönste Dreckorsch sein! « Die Leute an den Fenstern. Die abgehende Familie, ein Betrunkener, eine alte Frau mit Rückenkorb und 2 Burschen als Anhängsel. – Daß ich bald wegfahren muß, drückt mich in der Kehle. Entdekkung von »Tivoli«. Tische an der Wand heißen »Seitenbalkon«. Die alte Schlangendame, ihr Mann, der als Zauberer dient. Die weiblichen Deutschmeister.

Mittwoch 3 Juli *⟨1912⟩*. Goethehaus. Es soll im Garten photographiert werden. Sie ist nicht zu sehn, ich darf sie dann holen. Sie ist immer ganz zittrig von Bewegung, bewegt sich aber erst, wenn man zu ihr spricht. Es wird photographiert. Wir zwei auf der Bank. Max zeigt dem Mann, wie es zu machen ist. Sie gibt mir ein Rendezvous für den nächsten Tag. – Öttingen schaut durchs Fenster und verbietet Max und mir, die wir gerade allein beim Apparat stehn, das Photographieren. Wir photographieren doch nicht! – Damals war die Mutter noch freundlich. Abgesehen von den Schulen und den Nichtzahlenden kommen 30000 Menschen im Jahr. – Bad. Ernste, ruhige Ringkämpfe der Kinder. – Großherzogliche Bibliothek am Nachmittag. Trippelbüste. Das Lob des Führers. Der immer zu erkennende Großherzog. Massives Kinn und starke Lippen. Hand im zugeknöpften Rock. Goethebüste von David, mit nach hinten gesträubtem Haar und großem gespannten Gesicht. Die durch Goethe vorgenommene Umwandlung eines Palais in eine Bibliothek. Büsten von Passow (hübscher kraushaariger Junge), Zach. Werner, schmales, prüfendes, vordringendes Gesicht. Gluck. »Abgegossen vom Leben«. Die Löcher im Mund von den Röhren, durch die er geatmet hat. Goethes Arbeitszimmer. Durch eine Tür tritt man gleich in den Garten der Frau v. Stein. Die von einem Sträfling aus einer Rieseneiche ohne einen einzigen Nagel gearbeitete Treppe. – Spaziergang im Park mit dem Zimmermannsohn Fritz Wenski. Seine ernsten Reden. Er schlägt dabei mit einem Zweig in die Büsche. Er wird auch Zimmermann werden und wandern. Jetzt wandert man nicht mehr so, wie zu seines Vaters Zeiten, die Eisenbahn verwöhnt. Um Fremdenführer zu werden, müßte man Sprachen kennen, also entweder sie in der Schule lernen oder solche Bücher kaufen. Was er vom Park weiß, hat er entweder in der Schule gelernt oder von den Führern gehört. Auffallende Führerbemerkungen, die zu dem sonstigen nicht passen z. B. über das römische Haus nichts, als: Die Tür war für die Lieferanten bestimmt. Borkenhäuschen. Shakespearedenkmal. – Kinder um mich auf dem Karlsplatz. Gespräche über die Marine. Der Ernst der Kinder. Besprechung von Schiffsuntergängen. Überlegenheit der Kinder. Versprechen eines Balles. Verteilung der Kakes. Gartenkoncert Carmen. Ganz durchdrungen davon.

Donnerstag 4 Juli ⟨*1912*⟩ Goethehaus. Bestätigung des versprochenen Rendezvous mit lautem Ja. Sie sah aus dem Tor. Falsche Erklärung dessen, denn auch während unserer Anwesenheit sah sie heraus. Ich fragte noch einmal: »Auch bei Regen?« »Ja.« Max fährt nach Jena zu Diederichs. Ich Fürstengruft. Mit den Officieren. Über Goethes Sarg goldner Lorbeerkranz gestiftet von den deutschen Frauen Prags 1882. Alle auf dem Friedhof wiedergefunden. Grab der goetheschen Familie. Walter von

Goethe geb. Weimar 9 Apr. 1818, † Leipzig 15 Apr. 1885 »mit ihm erlosch Goethes Geschlecht, dessen Name alle Zeiten überdauert«, Grabinschrift der Fr. Karoline Falk: »Während Gott ihr 7 der eigenen Kinder nahm, wurde sie fremden Kindern eine Mutter. Gott wird abwischen alle Tränen von ihren Augen.« Charlotte von Stein: 1742–1827. – Bad – Nachmittag nicht geschlafen, um das unsichere Wetter nicht aus den Augen zu lassen. Sie kam nicht zum Rendezvous. – Treffe Max angekleidet im Bett. Beide unglücklich. Wenn man das Leid aus dem Fenster schütten könnte. – Abend Hiller mit seiner Mutter. – Ich laufe vom Tisch weg, weil ich sie zu sehen glaubte. Täuschung. Dann alle vors Goethehaus. Sie gegrüßt.

Freitag 5 Juli ⟨*1912*⟩ Vergeblicher Gang zum Goethehaus. – Goethe-Schiller Archiv. Briefe von Lenz. – Brief der Frankfurter Bürger an Goethe 28 August 1830: »Einige Bürger der alten Maynstadt, seit langem hier gewöhnt, den 28. August mit dem Becher in der Faust zu begrüßen, würden die Gunst des Himmels preisen, könnten sie den seltenen Frankfurter, den dieser Tag gebracht, im Weichbild der Freistadt selbst willkommen heißen.

Weil es aber von Jahr zu Jahr bei Hoffen und Harren und Wünschen bleibt, so reichen sie einstweilen über Wälder und Fluren, Marken und Mauten den schimmernden Pokal nach der glücklichen Ilmstadt hinüber und bitten ihren verehrten Landsmann um die Gunst in Gedanken mit ihm anstoßen und singen zu dürfen:

Willst Du Absolution
Deinen Treuen geben
Wollen wir nach Deinem Wink
Unablässig streben
Uns vom Halben zu entwöhnen
und im Ganzen Guten Schönen
resolut zu leben.«

1757 »Erhabene Großmama! . . .«

Jerusalem an Kestner: »Dürfte ich Ew. Wohlgeboren wohl zu einer vorhabenden Reise um Ihre Pistolen gehorsamst ersuchen?«

Lied der Mignon ohne einen Strich. –
Photographien geholt. Hingebracht. Nutzlos herumgestanden, nur 3 Photographien von den 6 abgegeben. Und gerade die schlechtem in der Hoffnung, daß der Hausmeister um sich zu rechtfertigen, von neuem photographieren wird. Keine Spur. – Bad – Direkt von dort in die Erfurter Straße. Max zum Mittagmahl. Sie kommt mit 2 Freundinnen. Ich greife sie heraus. Ja sie mußte gestern 10 Min. früher weggehn, hat erst jetzt von ihren Freundinnen von meinem gestrigen Warten erfahren. Sie hatte auch Ärger wegen der Tanzstunden. Sie liebt mich sicher nicht, einigen Respekt aber hat sie. Ich gebe ihr die mit dem Herzchen und der Kette umwundene Chokoladenschachtel und begleite sie ein Stück. Paar Worte hin und her über ein Rendezvous. Morgen um 11 vor dem Goethehaus. Das kann nur eine Ausrede sein, sie muß ja kochen und dann vor dem Goethehaus, aber ich nehme es doch an. Traurige Annahme. Gehe ins Hotel, sitze ein Weilchen bei Max, der im Bett liegt. Nachmittag Ausflug nach Belvedere. Hiller und Mutter. Schöne Fahrt im Wagen durch eine einzige Allee. Überraschende Anordnung des Schlosses, das aus einem Hauptteil und 4 seitlich angeordneten Häuschen besteht, alles niedrig und zart gefärbt. Ein niedriger Springbrunnen in der Mitte. Blick vorwärts nach Weimar. Der Großherzog war schon seit einigen Jahren nicht hier. Er ist Jäger und hier ist keine Jagd. Der ruhige entgegenkommende Bediente mit glattrasiertem ekkigen Gesicht, traurig wie vielleicht alles Volk, das sich unter Herrschaften bewegt. Trauer der Haustiere. Maria Pawlovna, Schwiegertochter des Großherzogs Karl August, Tochter der Maria Feodorowna und des Kaisers Paul, der erdrosselt wurde.

Viel russisches. Cloisoné Kupfergefäße mit aufgehämmerten Dräten, zwischen die das Email gegossen wird. Die Schlafzimmer mit Himmelskuppel. Photographien in den noch bewohnbaren Zimmern die einzige Modernisierung. Wie sie sich unbeobachtet auch einordnen werden! Zimmer Goethes, ein unteres Eckzimmer. Einige Deckenbilder Oesers, bis zur Unkenntlichkeit aufgefrischt. Viel Chinesisches. Das »dunkle Kammerfrauenzimmer«. Das Naturteater mit den zwei Zuschauerreihen. Der aus mit den Lehnen aneinandergestellten Bänken bestehende Wagen, dos à dos, in dem die Damen saßen, während die begleitenden Kavaliere neben ihnen ritten. Der schwere Wagen, in dem Maria Pawlovna mit ihrem Mann in 26 Tagen dreispännig von Petersburg nach Weimar auf der Hochzeitsreise fuhr. Naturteater und Park von Goethe eingerichtet. – Abend zu Paul Ernst. Auf der Gasse 2 Mädchen nach der Wohnung des Schriftstellers P. E. gefragt. Sie schauen uns zuerst nachdenklich an, dann stößt eine die andere, als wolle sie sie an einen Namen erinnern, der ihr gerade nicht einfällt. Meinen Sie Wildenbruch? fragt uns dann die andere. – Paul Ernst. Über den Mund gehender Schnurrbart und Spitzbart. Hält sich am Sessel fest oder an den Knien, trotzdem er auch bei Erregung (wegen seiner Kritiker) nicht losgeht. – Wohnt am Horn. Eine Villa scheinbar ganz mit seiner Familie angefüllt. Eine Schüssel stark riechender Fische, welche die Treppe hinaufgetragen werden sollte, wird bei unserem Anblick wieder in die Küche zurückgebracht. – Eintritt des Pater Expeditus-Schmitt, mit dem ich schon einmal auf der Hoteltreppe zusammengestoßen bin. Arbeitet im Archiv an einer Otto Ludwig Ausgabe. Will Nargileh ins Archiv einführen. Schimpft eine Zeitung »fromme Giftkröte« weil sie die vom ihm herausgegebenen »Heiligenlegenden« angegriffen hat.

Samstag 6 Juli ⟨*1912*⟩ – Zu Schlaf. Alte ihm ähnliche Schwester empfängt uns. Er ist nicht zuhause. Wir kommen Abend wieder. – Einstündiger Spaziergang mit Grete. Sie kommt scheinbar im Einverständnis mit ihrer Mutter, mit der sie noch von der Gasse aus durchs Fenster spricht. Rosa Kleid, mein

Herzchen. Unruhe wegen des großen Balles am Abend. Ohne jede Beziehung zu ihr gewesen. Abgerissenes, immer wieder angefangenes Gespräch. Einmal besonders rasches, dann wieder besonders langsames Gehn. Anstrengung, um keinen Preis deutlich werden zu lassen, wie wir mit keinem Fädchen zusammenhängen. Was treibt uns gemeinsam durch den Park? Nur mein Trotz? – Gegen Abend bei Schlaf. Vorher Besuch bei Grete. Sie steht vor der ein wenig geöffneten Küchentür in dem lange vorher gepriesenen Ballkleid, das gar nicht so schön ist, wie ihr gewöhnliches. Schwer verweinte Augen, offenbar wegen ihres Haupttänzers, der ihr schon überhaupt viel Sorgen gemacht hat. Ich verabschiede mich für immer. Sie weiß es nicht und wenn sie es wüßte, läge ihr auch nichts daran. Ein Weib, das Rosen bringt, stört noch den kleinen Abschied. – Auf den Gassen von allen Seiten Tanzstundenherren und -damen. – Schlaf. Wohnt nicht gerade in einer Dachstube, wie es Ernst, der mit ihm zerfallen ist, uns einreden wollte. Lebhafter Mann, den starken Oberkörper von einem fest zugeknöpften Rock umspannt. Nur die Augen zucken nervös und krank. Spricht hauptsächlich von Astronomie und seinem geocentrischen System. Alles andere Litteratur, Kritik, Malerei hängt nur noch so an ihm weil er es nicht abwirft. Weihnachten wird sich übrigens alles entscheiden. Er zweifelt an seinem Sieg nicht im Geringsten. Max sagt, seine Lage gegenüber den Astronomen sei »der Lage Goethes gegenüber den Optikern ähnlich.« »Ähnlich« antwortet er immer mit Handgriffen auf dem Tisch, »aber viel günstiger, denn ich habe unbestreitbare Tatsachen für mich.« Sein kleines Fernrohr für 400 M. Zu seiner Entdeckung braucht er es gar nicht, auch Matematik nicht. Er lebt in vollem Glück. Sein Arbeitsgebiet ist endlos, da seine Entdeckung einmal anerkannt, ungeheuere Folgen in allen Gebieten (Religion, Ethik, Ästhetik u. s. w.) haben wird und er natürlich zuerst zu ihrer Bearbeitung berufen ist. – Als wir kamen, hat er gerade Besprechungen die anläßlich seines 50ten Geburtstages erschienen waren, in ein großes Buch geklebt. »Bei solchen Gelegenheiten machen sie es milde.« – Vorher Spaziergang mit Paul

Ernst im Webbich. Seine Verachtung unserer Zeit, Hauptmanns, Wassermanns, Thomas Manns. Ohne Rücksicht auf unsere mögliche Meinung wird Hauptmann in einem kleinen Nebensatz, den man erst lange nachdem er ausgesprochen ist, auffaßt, ein Schmierer genannt. Sonst vage Äußerungen über Juden, Zionismus, Rassen u. s. w., in allem nur bemerkenswert, daß es ein Mann ist, der seine ganze Zeit mit allen Kräften gut angewendet hat. – Trockenes, automatisches »Ja, ja« in kleinen Zwischenräumen, wenn der andere spricht. Einmal gieng es so weit, daß ich es nicht mehr glaubte. –

7. Juli *⟨1912⟩*
27 Nr. des Packträgers in Halle. – Jetzt ½7 in der Nähe des Gleimdenkmals auf die schon lange gesuchte Bank niedergefallen. Wäre ich ein Kind, so müßte ich mich abtransportieren lassen, so schmerzen mich die Beine. – Nach dem Abschied von Dir mich noch lange nicht allein gefühlt. Und dann wieder so dumpf geworden, daß es noch kein Alleinsein war. – Halle, kleines Leipzig. Diese Kirchenturmpaare hier und in Halle, die durch kleine Holzbrücke oben am Himmel verbunden sind. – Schon das Gefühl, daß Du diese Sachen nicht gleich sondern erst später lesen wirst, macht mich so unsicher. – Der Radfahrklub, der sich am Markt in Halle zu einem Ausflug versammelt. Die Schwierigkeit allein eine Stadt oder auch nur eine Gasse anzusehn. – Gutes vegetarisches Mittagessen. Zum Unterschied von den sonstigen Gastwirten schlägt gerade den veg. Wirten das Vegetarische nicht gut an. Ängstliche Leute, die von der Seite an einen herankommen.

Fahrt von Halle mit 4 Prager Juden: zwei angenehmen lustigen ältern starken Männern, einer dem Dr. Klemens ähnlich, einer meinem Vater nur viel kleiner, dann ein schwacher, von der Hitze hingeschlagener junger Ehemann und seine abscheuliche gutgebaute junge Frau, deren Gesicht irgendwie aus der Selcherfamilie Berg herkommt. Sie liest einen 3 M Ullstein Roman von

Ida-Boy-Ed, mit dem ausgezeichneten, wahrscheinlich von Ullstein erfundenen Titel »Ein Augenblick im Paradies«. Ihr Mann fragt sie, wie es ihr gefällt. Sie hat aber erst angefangen, »Bis dato kann man nichts sagen.« Ein guter Deutscher mit trockener Haut und schön über Wangen und Kinn verteiltem weißlich blonden Bart nimmt an allem, was bei den 4 vorgeht, einen merkwürdig freundlichen Anteil. –

Eisenbahnhotel, Zimmer unten an der Straße mit einem Gärtchen davor. Wer will kann im Vorübergehn, mich im Zimmer alle meine Geschäfte nackt besorgen sehn. Weg in die Stadt. Eine ganz und gar alte Stadt. Fachwerkbau scheint die für die größte Dauer berechnete Bauart zu sein. Die Balken verbiegen sich überall, die Füllung sinkt ein oder baucht sich aus, das Ganze bleibt und fällt höchstens mit der Zeit ein wenig zusammen und wird dadurch noch fester. So schön habe ich Menschen in den Fenstern noch nicht lehnen sehn. Meist sind auch die Mittelleisten der Fenster festgemacht. Man legt die Schulter an sie, Kinder drehn sich um sie. In einem tiefen Flur sitzen auf den ersten Stufen starke Mädchen, in ihren Sonntagskleidern ausgebreitet.

Drachenweg. Katzenplan.

Im Park mit kleinen Mädchen auf einer Bank, die wir als Mädchenbank gegen Jungen verteidigen. Polnische Juden. Die Kinder rufen ihnen Itzig zu und wollen sich nach ihnen nicht gleich auf die Bank setzen. Jüdische Gastwirtschaft Nathan Eisellsberg mit hebräischer Aufschrift. Es ist ein verwahrlostes schloßartiges Gebäude mit großem Treppenaufbau, das aus engen Gassen frei hervortritt. Ich gehe hinter einem Juden, der aus der Wirtschaft kommt, und spreche ihn an. Nach 9. Ich will etwas über die Gemeinde wissen. Erfahre nichts. Bin ihm zu verdächtig. Immerfort schaut er auf meine Füße. Aber ich bin doch auch Jude. Dann kann ich bei Eiselsberg logieren. – Nein ich habe schon eine Wohnung. – So. – Plötzlich geht er nahe an mich heran. Ob ich nicht vor 1 Woche in Schöppenstedt gewesen bin. Vor seinem Haustor verabschieden wir uns; er ist glücklich, daß er mich losgeworden ist; ohne daß ich danach frage, sagt er mir noch, wie man zur Synagoge geht. – Leute im Schlafrock auf der Türstufe. Alte sinnlose Inschriften. Die Möglichkeiten durchdacht, auf diesen Gassen, Plätzen, Gartenbänken, Bachufern aus dem Vollen unglücklich zu sein. Wer weinen kann, soll am Sonntag herkommen. Abend nach 5 stündigem Herumgehn in meinem Hotel auf der Terasse vor einem kleinen Gärtchen. Am Tisch nebenan die Wirtsleute mit einer jungen, witwenhaft aussehenden, lebhaften Frau. Wangen unnötig mager. Frisur geteilt und aufgebauscht.

8 Juli *⟨1912⟩* Mein Haus heißt »Ruth«. Praktisch eingerichtet. 4 Luken, 4 Fenster, 1 Tür. Ziemlich still. Nur in der Ferne spielen sie Fußball, die Vögel singen stark, einige Nackte liegen still vor meiner Tür. Alles bis auf mich ohne Schwimmhosen. Schöne Freiheit. Im Park, Lesezimmer u. s. w. bekommt man hübsche, fette Füßchen zu sehn.

9 Juli *⟨1912⟩* Gut geschlafen in der nach 3 Seiten freien Hütte. Ich kann an meiner Türe lehnen wie ein Hausbesitzer. Zu den verschiedensten Zeiten in der Nacht aufgekommen und immer Ratten oder Vögel gehört, die um die Hütte herum im Gras kollerten oder flatterten. Der leopardartig gefleckte Herr. Gestern abend Vortrag über Kleidung. Den Chinesinnen wurden die Füße verkrüppelt, damit sie einen großen Hintern bekommen.

9 Juli *⟨1912⟩*. Der Arzt, früherer Officier, geziertes, irrsinnig, weinerlich, burschikos aussehendes Lachen. Geht schwunghaft. Anhänger von Mazdaznan. Ein für den Ernst geschaffenes Gesicht. Glatt rasiert, Lippen zum an einanderpressen. Er tritt aus seinem Ordinationszimmer, man geht an ihm vorüber hinein, »Bitte einzutreten« lacht er einem nach. Verbietet mir das Obstessen mit dem Vorbehalt, daß ich ihm nicht folgen muß. Ich bin ein gebildeter Mann, soll seine Vorträge anhören, die auch gedruckt sind, soll die Sache studieren, mir meine Meinung bilden und mich dann danach verhalten. (Aus seinem gestrigen Vortrag: »Wenn man selbst vollständig verkrüppelte Zehen hat, an einer solchen Zehe aber zieht und dabei tief atmet, so kann man sie mit

der Zeit gerade machen.« Nach einer bestimmten Übung wachsen die Geschlechtsteile. Aus den Verhaltungsmaßregeln: »Luftbäder in der Nacht sind sehr zu empfehlen (ich gleite einfach wenn es mir paßt aus meinem Bett und trete in die Wiese vor meiner Hütte) nur soll man sich dem Mondlicht nicht zu sehr aussetzen, das ist schädlich«) Unsere gegenwärtigen Kleider kann man gar nicht waschen!! Heute früh: Waschen, Müllern, gemeinsames Turnen (ich heiße der Mann mit den Schwimmhosen), Singen einiger Choräle, Ballspiel im großen Kreis. 2 schöne schwedische Jungen mit langen Beinen, die so geformt und gespannt sind, daß man nur mit der Zunge richtig an ihnen hinfahren könnte. Koncert einer Militärkapelle aus Goslar. Nachmittag Heu gewendet. Abend mir den Magen so verdorben, daß ich vor Verdruß keinen Schritt machen will. Ein alter Schwede spielt mit einigen kleinen Mädchen Fangen und ist so am Spiel beteiligt, daß er einmal im Laufen ausruft: Wartet, ich werde Euch diese Dardanellen sperren. Meint den Durchgang zwischen 2 Gebüschen. Als ein altes nicht hübsches Kindermädchen vorübergieng: es ist doch etwas, an das man anklopfen könnte (der Rükken im schwarzen weißpunktierten Kleid). Das immerwährende grundlose Bedürfnis, sich anzuvertrauen. Jeden Menschen daraufhin ansehn, ob es bei ihm möglich ist und ob er für sich eine Gelegenheit hat.

10 *⟨Juli 1912⟩* Fuß verstaucht, Schmerzen, Grünfutter aufgeladen. Nachmittag Spaziergang nach Ilsenburg mit einem ganz jungen Gymnasialprofessor Lutz aus Nauheim; kommt nächstes Jahr vielleicht nach Wickersdorf. Koedukation, Naturheilkunde, Kohen, Freud. Geschichte von dem von ihm geführten Ausflug der Mädchen und Knaben. Gewitter, alle durchnäßt, müssen sich in der nächsten Herberge in einem Zimmer vollständig ausziehn. – In der Nacht Fieber vom geschwollenen Fuß her. Der Lärm den die vorüberlaufenden Kaninchen machen. Als ich in der Nacht aufstehe, sitzen auf der Wiese vor meiner Türe 3 solche Kaninchen. Ich träume, daß ich Goethe deklamieren höre, mit einer unendlichen Freiheit und Willkür.

11 ⟨*Juli 1912*⟩ Gespräch mit einem Dr. Friedrich Schiller, Magistratsbeamter Breslau, der lange in Paris gewesen ist, um die städtischen Einrichtungen zu studieren. Gewohnt in einem Hotel mit der Aussicht in den Hof des Palais Royal. Früher in einem Hotel beim Observatoire. Eines Nachts war im Nebenzimmer ein Liebespaar. Das Mädchen schrie vor Glück in unverschämter Weise. Erst bis er sich durch die Wand anbot, einen Arzt zu holen, wurde sie still und er konnte schlafen. – Meine beiden Freunde stören mich, ihr Weg geht an meiner Hütte vorüber und da bleiben sie immer ein Weilchen an meiner Tür stehn zu einer kleinen Unterhaltung oder Einladung zu einem Spaziergang. Ich bin ihnen aber auch dankbar dafür. – In der »Evangelischen Missionszeitung« Juli 1912 über Missionen in Java: »Soviel sich auch gegen die dilettantische ärztliche Tätigkeit der Missionäre, die sie in größtem Umfange ausüben, mit Recht einwenden läßt, so ist sie doch wiederum das Haupthilfsmittel ihrer Missionstätigkeit und nicht zu entbehren.«

Hie und da bekomme ich leichte oberflächliche Übelkeiten, wenn ich, meistens allerdings in einiger Entfernung, diese gänzlich Nackten langsam zwischen den Bäumen sich vorbeibewegen sehe. Ihr Laufen macht es nicht besser. – Jetzt ist an meiner Tür ein ganz fremder Nackter stehen geblieben und hat mich langsam und freundlich gefragt, ob ich hier in meinem Hause wohne, woran doch kein Zweifel ist. – Sie kommen auch so unhörbar heran. Plötzlich steht einer da, man weiß nicht, woher er gekommen ist. – Auch alte Herren, die nackt über Heuhaufen springen, gefallen mir nicht. – Abend Spaziergang nach Stapelburg. Mit den zweien, die ich einander vorgestellt und empfohlen habe. Ruine. Rückkehr 10 Uhr. Zwischen den Heuhaufen auf der Wiese vor meiner Hütte einige schleichende Nackte, die in der Ferne vergehn. In der Nacht, als ich durch die Wiese nach dem Kloset wandere, schlafen drei im Gras.

12 ⟨*Juli 1912*⟩ Erzählungen des Dr. Schiller. Ein Jahr auf Reisen. Dann lange Debatte im Gras über das Christentum. Der alte blauäugige Adolf Just, der alles mit Lehm heilt und mich vor dem

Arzt warnt, der mir Obst verboten hat. Die Verteidigung Gottes und der Bibel durch ein Mitglied der »Christlichen Gemeinschaft«; liest als Beweis, der gerade gebraucht wird, einen Psalm vor. Mein Dr. Schiller blamiert sich mit seinem Atheismus. Die Fremdwörter Illusion, Autosuggestion, helfen ihm nichts. Ein Unbekannter fragt, warum es den Amerikanern so gut geht, trotzdem sie bei jedem zweiten Wort fluchen. – Bei den meisten ist es nicht möglich, ihre wirkliche Meinung festzustellen, trotzdem sie sich lebhaft beteiligen. Der, welcher so überstürzt vom Blumentag sprach und wie sich gerade die Methodisten zurückhielten. Der aus der »Christl. Gem.« der mit seinem schönen kleinen Jungen aus einer kleinen Düte Kirschen und trockenes Brot mittagmahlt und sonst den ganzen Tag im Gras liegt, drei Bibeln vor sich aufgeschlagen hat und Notizen macht. Er ist erst seit 3 Jahren auf dem rechten Weg. Die Ölskizzen des Dr. Sch. aus Holland. Pont neuf. – Heu aufgeladen. – An den Eckarplätzen. – Zwei Schwestern. Kleine Mädchen. Eine mit schmalem Gesicht, nachlässiger Haltung, übereinander beweglichen Lippen, zart in eine Spitze verlaufender Nase, nicht ganz offenen, klaren Augen. Aus dem Gesicht leuchtet eine Gescheitheit, daß ich sie schon minutenlang aufgeregt angeschaut habe. Es weht mich etwas an, wenn ich sie anschaue. Ihre weiblichere kleine Schwester fängt meine Blicke ab. – Ein neu angekommenes steifes Fräulein mit bläulichem Schein. – Die Blonde mit kurzem zerrauftem Haar. Biegsam und mager wie ein Lederriemen. Rock, Bluse und Hemd, sonst nichts. Der Schritt! – Mit Dr. Sch. (43 Jahre) abend auf der Wiese. Spazierengehn, sich strecken, reiben, schlagen und kratzen. Ganz nackt. Schamlos. – Der Duft, als ich abend aus dem Schreibzimmer trat.

13 *⟨Juli 1912⟩* Kirschen gepflückt. Lutz liest mir Kinkel »Die Seele« vor. – Nach dem Essen lese ich immer ein Kapitel aus der Bibel, die hier in jedem Zimmer liegt. Abend, die Kinder beim Spiel. Die kleine Susanne von Puttkammer. 9 Jahre, in rosa Höschen.

14 *⟨Juli 1912⟩* Kirschen gepflückt auf der Leiter mit Körb-

chen. Hoch im Baum oben gewesen. Vormittag Gottesdienst an den Eckerplätzen. Der ambrosianische Lobgesang. Nachmittag die 2 Freunde nach Ilsenburg geschickt. – Ich liege im Gras, da geht der aus der »Christl. Gemeinschaft« (lang, schöner Körper, braungebrannt, spitzer Bart, glückliches Aussehn) von seinem Studierplatz in die Ankleidehütte, ich folge ihm nichtsahnend mit den Augen, er kommt aber, statt auf seinen Platz zurückzukehren, auf mich zu, ich schließe die Augen, er stellt sich aber schon vor: Hitzer, Landvermesser, und gibt mir 4 Schriftchen als Sonntagslektüre. Im Weggehn spricht er noch von »Perlen« und »vorwerfen« womit er andeuten will, daß ich die Schriften dem Dr. Schiller nicht zeigen soll. Es sind »der verlorene Sohn«, »Erkauft oder Nicht mehr mein (für ungläubige Gläubige)« mit kleinen Geschichten, »Warum kann der Gebildete nicht der Bibel glauben?« und »Hoch die Freiheit! aber: Was ist wahre Freiheit?« Ich lese ein wenig und gehe dann zu ihm zurück und versuche, unsicher durch den Respekt, den ich vor ihm habe, ihm klarzumachen, warum gegenwärtig keine Aussicht auf Gnade für mich besteht. Darauf redet er 1½ Stunden zu mir (gegen Schluß gesellt sich ein alter weißhaariger, magerer, rotnasiger Herr im Leintuch mit einigen undeutlichen Bemerkungen zu uns) mit schöner nur aus Wahrhaftigkeit möglicher Beherrschung jedes Wortes. Der unglückliche Goethe, der soviel Existenzen unglücklich gemacht hat. Viele Geschichten. Wie er, Hitzer, dem Vater das Wort verbot, als er in seinem Hause Gott lästerte. »Mögest Du Vater darüber entsetzt sein und vor Schrekken nicht weiter reden, mir ist es recht.« Wie der Vater Gottes Stimme auf dem Sterbebette hörte. – Er sieht mir an daß ich nahe an der Gnade bin. – Wie ich selbst alle seine Beweise abbreche und ihn an die innere Stimme verweise. Gute Wirkung. –

15 *⟨Juli 1912⟩* Kühnemann »Schiller« gelesen. – Der Herr, der immer eine Karte an seine Frau in der Tasche trägt, für den Fall eines Unglücks. – Buch Ruth – Ich lese »Schiller«. Unweit liegt ein nackter alter Herr im Gras, einen Regenschirm über dem Kopf ausgespannt, mir den Hintern zugekehrt und prallt einige

Male laut in der Richtung gegen meine Hütte hin. – Das braune und das blaue Kleid des zuerst weißgekleideten steifen Fräuleins und wie sich ihre Gesichtshaut unter dem Einfluß dieser Farben so deutlich, schulmäßig förmlich, verwandelt.

15 *⟨Juli 1912⟩* Plato »Der Staat« – Modell gestanden für Dr. Schiller. Ohne Schwimmhosen. Exhibitionistisches Erlebnis. – Die Seite in Flaubert über die Prostitution. – Die große Beteiligung des nackten Körpers am Gesamteindruck des Einzelnen. – Ein Traum: Die Luftbadgesellschaft vernichtet sich mittelst einer Rauferei. Nachdem die in zwei Gruppen geteilte Gesellschaft mit einander gespaßt hat, tritt aus der einen Gruppe einer vor und ruft der andern zu: »Lustron und Kastron!« Die andern: »Wie? Lustron und Kastron?« Der eine: »Allerdings. « Beginn der Rauferei.

16 *⟨Juli 1912⟩* Kühnemann. – Herr Guido von Gillhausen, Hauptm. a. D., dichtet und komponiert »An mein Schwert« u. ä. Schöner Mann. Wage aus Respekt vor seinem Adel nicht zu ihm aufzuschauen, habe Schweißausbruch (wir sind nackt) und rede zu leise. Sein Siegelring. – Die Verbeugungen der schwedischen Jungen. Das durch Angewöhnung schweratmige Sprechen des Ältern, Rothaarigen. – Rede im Park angezogen mit einem Angezogenen. Er prallt so viel und laut, daß ich kein Wort von dem, was er redet, verstehen kann. – Versäumter Massenausflug nach Harzburg. – Abend. Schützenfest in Stapelburg. Mit Dr. Schiller und einem Berliner Friseurmeister. Die große sanft zum Stapelburger Burgberg aufsteigende von alten Linden geführte, von einem Bahndamm falsch durchschnittene Ebene. Das Schützenhäuschen, aus dem geschossen wird. Alte Bauern machen die Eintragung ins Schützenbuch. Die 3 Pfeifer mit Frauenkopftüchern die ihnen vom Rücken herabhängen. Alter unerklärlicher Brauch. Einige in alten einfachen blauen ererbten Kitteln, die aus feinstem Leinen sind und 15 M kosten. Fast jeder hat seine Büchse. Ein Vorderlader. Man hat den Eindruck daß alle von der Feldarbeit irgendwie krumm sind, besonders als sie sich in zwei Reihen aufstellen. Einige alte Anführer in Cylinderhut mit um-

geschnalltem Säbel. Roßschweife und noch einige alte Symbole werden herbeigetragen, Aufregung, dann Spiel der Musikkapelle, größere Aufregung, dann Stille und Trommeln und Pfeifen, noch größere Aufregung, endlich werden ins letzte Trommeln und Pfeifen drei Fahnen herausgebracht, letzte Aufregung, Kommando und Abmarsch. Der Alte in schwarzem Anzug, schwarzer Mütze, etwas gedrücktem Gesicht und nicht zu langem, rings um das Gesicht gehenden, dichten, seidigen, unübertrefflich weißem Bart. Der vorige Schützenkönig, auch mit Cylinder, mit einer portiersähnlichen Schärpe um den Leib, die mit lauter kleinen Metallschildchen benäht ist, auf deren jedem der Schützenkönig eines Jahres eingraviert ist mit dem entsprechenden Handwerkszeichen. (Der Bäckermeister hat dort ein Laib Brot u.s.f.) Der Abmarsch mit Musik im Staub und der wechselnden Beleuchtung des stark bewölkten Himmels. Puppenhaftes Aussehn eines mitmarschierenden Soldaten (ein Schütze, der gerade dient) und sein hüpfender Schritt. Volksheere und Bauernkriege. Wir folgen ihnen durch die Gassen. Sie sind bald näher, bald ferner, da sie bei den einzelnen Schützenmeistern Halt machen, vorspielen und ein wenig bewirtet werden. Gegen das Ende des Zuges löst sich der Staub gleichmäßig auf. Das letzte Paar ist das klarste. Zeitweilig verlieren wir sie ganz aus den Augen. Der lange Bauer mit etwas eingesunkener Brust, endgültigem Gesicht, Stulpenstiefeln, Kleidern wie aus Leder, wie umständlich er sich vom Pfosten des Tores ablöste. Die 3 Frauen die vor ihm standen, eine vor der andern. Die mittlere dunkel und schön. Die zwei Frauen am Tor des gegenüberliegenden Bauernhofes. Die 2 riesigen Bäume in beiden Höfen, die sich über der breiten Straße vereinigten. Die großen Scheiben an den Häusern früherer Schützenkönige. Der Tanzboden, zweigeteilt, in der Mitte abgeteilt in einem zweireihigen Verschlag die Musikkapelle. Vorläufig leer, kleine Mädchen lassen sich über die glatten Bretter gleiten. (Ausruhende redende Schachspieler stören mich im Schreiben) Ich biete ihnen meine »Brause« an, sie trinken, die Älteste zuerst. Mangel einer wahren Verkehrssprache. Ich frage, ob sie schon genachtmahlt haben, vollständiges Unverständnis, Dr. Sch. fragt, ob sie schon Abendbrot gegessen haben, beginnende Ahnung, (er spricht nicht deutlich, atmet zu viel) erst bis der Friseur fragt, ob sie gefuttert haben, können sie antworten. Eine zweite Brause, die ich für sie bestelle, wollen sie nicht mehr, aber Karousselfahren wollen sie, ich mit den 6 Mädchen (von 6–13 Jahren) um mich fliege zum Karoussel. Am Weg rühmt sich die eine, die zum Karousselfahren geraten hat, daß das Karoussel ihren Eltern gehört. Wir setzen uns und drehn uns in einer Kutsche. Die Freundinnen um mich, eine auf meinen Knien. Sich hinzudrängende Mädchen, welche mein Geld mitgenießen wollen, werden gegen meinen Willen von den Meinigen weggestoßen. Die Besitzerstochter kontrolliert die Rechnung, damit ich nicht für die Fremden zahle. Ich bin bereit, wenn man Lust hat, noch einmal zu fahren, die Besitzerstochter selbst sagt aber, daß es genug ist, jedoch will sie ins Zuckerzeugzelt. Ich in meiner Dummheit und Neugierde führe sie zum Glücksrad. Sie gehn, soweit es möglich ist, sehr bescheiden mit meinem Geld um. Dann zum Zuckerzeug. Ein Zelt mit einem großen Vorrat, der so rein und geordnet ist, wie in der Hauptstraße einer Stadt. Dabei sind es billige Waren, wie auf unseren Märkten auch. Dann gehn wir zum Tanzboden zurück. Ich fühlte das Erlebnis der Mädchen stärker als mein Schenken. Jetzt trinken sie auch wieder die Brause und danken schön, die Älteste für alle und jede für sich. Bei Beginn des Tanzes müssen wir weg, es ist schon ¾10. Der unaufhörlich redende Friseur. 30 Jahre alt, eckigen Bart und ausgezogenen Schnurrbart. Hinter Mädchen her, liebt aber seine Frau, die zuhause das Geschäft führt und nicht verreisen kann, weil sie dick ist und das Fahren nicht verträgt. Selbst wenn sie einmal nach Rixdorf fahren, muß sie zweimal aus der Elektrischen steigen, um ein wenig zu Fuß zu gehn und sich zu erholen. Sie braucht keine Ferien, sie ist schon zufrieden, wenn sie paarmal länger schlafen kann. Er ist ihr treu, hat bei ihr alles was er braucht. Versuchungen, denen ein Friseur ausgesetzt ist. Die junge Restaurateursfrau. Die Schwedin, die alles teuerer bezahlen muß. Haare kauft er von einem böhmischen Juden, namens Puderbeutel. Als eine socialdemokratische Abordnung zu ihm kam und verlangte, daß auch der Vorwärts aufgelegt werde, sagte er »Wenn Sie das verlangen, dann habe ich Sie nicht gerufen.« Gab aber schließlich nach. Als »junger Mann« (Gehilfe) war er in Görlitz. Er ist organisierter Kegler. War vor einer Woche auf dem großen Keglertag in Braunschweig. Es gibt an 20 000 organisierte deutsche Kegler. Auf 4 Ehrenbahnen wurde 3 Tage lang von früh bis tief in die Nacht geschoben. Man kann aber nicht sagen, daß jemand der beste deutsche Kegler ist. – Als ich abends in meine Hütte kam, fand ich die Zündhölzchen nicht, borgte mir sie in der Nachbarhütte aus und leuchtete unter den Tisch, ob sie nicht vielleicht heruntergefallen wären. Dort waren sie nicht, dagegen stand dort das Wasserglas. Allmählich zeigte sich, daß die Sandalen hinter dem Wandspiegel, die Zündhölzchen auf einem Fensterbrett waren, der Handspiegel an einer vorspringenden Ecke hieng. Der Nachttopf stand auf dem Schrank, die Education sentimental war im Kopfkissen, ein Kleiderhaken unter dem Leintuch, mein Reisetintenfaß und ein naßgemachter Waschlappen im Bett u. s. w. Alles zur Strafe, weil ich nicht nach Harzburg gegangen war.

19 *⟨Juli 1912⟩* Regentag. Man liegt im Bett und das laute Klopfen des Regens auf das Dach der Hütte ist so, als gienge es gegen die eigene Brust. Auf der Kante des vorspringenden Daches erscheinen die Tropfen mechanisch wie Lichter die eine Straßenzeile entlang angezündet werden. Dann fallen sie. Wie ein wildes Tier jagt plötzlich ein Greis über die Wiese und nimmt ein Regenbad. Das Anschlagen der Tropfen in der Nacht. Man sitzt wie in einem Violinkasten. Am Morgen das Laufen, die weiche Erde unter sich.

20 *⟨Juli 1912⟩* Vormittag mit Dr. Schiller im Wald. Der rote Boden und das von ihm aus sich verbreitende Licht. Das Sichaufschwingen der Stämme. Die schwebenden breiten flachbelaubten Äste der Buchen. – Nachmittag. Ankunft einer Maskerade aus Stapelburg. Der Riese mit dem tanzenden als Bären verklei-

deten Mann. Das Schwingen seiner Schenkel und des Rückens. Das Marschieren durch den Garten hinter der Musik. Das Laufen der Zuschauer über die Rasen, durch die Gebüsche. Der kleine Hans Eppe, wie er sie erblickt. Walter Eppe auf dem Briefkasten. Die mit Gardinen ganz verschleierten als Frauen verkleideten Männer. Der unanständige Anblick, wenn sie mit den Küchenmädchen tanzen und diese dem scheinbar unbekannten Verkleideten sich hingeben.

Vormittag Dr. Sch. das erste Kapitel der Edukation vorgelesen. Nachmittag Spaziergang mit ihm. Erzählungen von seiner Freundin. Er ist ein Freund von Morgenstern, Baluschek, Brandenburg, Poppenberg. Sein schreckliches Jammern abends in der Hütte in Kleidern auf dem Bett. Erstes Gespräch mit Frl. Pollinger, sie weiß aber schon alles Wissenswerte über mich. Prag kennt sie an den »Zwölf aus d. Steiermark«. Weißblond, 22 jährig, Aussehen einer 17 jährigen, immer in Sorge um ihre schwerhörige Mutter; verlobt und kokett. – Mittags Abreise jener lederriemenartigen schwedischen Witwe Frau von Wasman. Über ihrer gewöhnlichen Kleidung nur ein graues Jäckchen, ein graues Hütchen mit kleinem Schleier. In dieser Umrahmung wird ihr braunes Gesicht sehr zart, über den Eindruck regelmäßiger Gesichter entscheidet nur Entfernung und Einhüllung. Ihr Gepäck ist ein kleiner Rucksack, viel mehr als ein Nachthemd ist nicht drin. So reist sie unaufhörlich, kam aus Ägypten, geht nach München. – Heute nachmittag, als ich im Bett war, machten mir die Menschen hier heiß, so interessieren mich manche. – Ein Lied des H. v. Gillhausen heißt: »Weißt Du, Mamalein, Du bist so lieb.« – Abend Tanz in Stapelburg. Das Fest dauert 4 Tage, es wird kaum gearbeitet. Wir sehn den neuen Schützenkönig und lesen auf seinem Rücken die Namen der Schützenkönige aus dem Anfang des 19. Jahrhunderts ab. Beide Tanzböden voll. Rund um den Saal steht Paar hinter Paar. Jedes kommt nur alle Viertelstunden zu einem kurzen Tanz. Die meisten sind stumm, nicht aus Verlegenheit oder sonst einem besondern Grund, sondern einfach stumm. Ein Betrunkener steht am

Rand, kennt alle Mädchen, greift sie an oder streckt wenigstens den Arm zur Umarmung aus. Die betreffenden Tänzer rühren sich nicht. Lärm ist genug durch die Musik und das Schreien der unten bei den Tischen Sitzenden und den beim Ausschank Stehenden. Wir gehn lange nutzlos herum (ich und Dr. Sch.) Ich bin es, der ein Mädchen anspricht. Sie ist mir schon draußen aufgefallen, als sie und 2 Freundinnen Halberstädter Würstchen mit Senf gegessen haben. Sie hat eine weiße Bluse mit blumengeschmückter Einlage, die über Arme und Schultern geht. Das Gesicht hat sie lieb und trübsinnig geneigt, wodurch sie den Oberkörper ein wenig gedrückt und die Bluse aufgebauscht hat. Die kleine aufgestülpte Nase vermehrt bei dieser geneigten Haltung die Trauer. Wahlloses Rotbraun über das ganze Gesicht hin. Ich spreche sie gerade an, als sie die 2 Stufen vom Tanzboden heruntersteigt. Wie wir Brust an Brust stehn und sie umkehrt. Wir tanzen. Sie heißt Auguste, ist aus Wolfenbüttel und ist in der Wirtschaft eines gewissen Klaude in Appenroda seit 1½ Jahren beschäftigt. Meine Eigentümlichkeit, Eigennamen selbst bei mehrfachem Vorsagen nicht zu verstehn und dann auch nicht zu behalten. Sie ist Waise und wird am 1 Oktober in ein Kloster eintreten. Ihren Freundinnen hat sie es noch nicht gesagt. Sie wollte schon im April, aber ihre Herrschaft wollte sie nicht lassen. Sie geht ins Kloster wegen der schlechten Erfahrungen, die sie gemacht hat. Erzählen kann sie sie nicht. Wir gehn vor dem Tanzsaal im Mondschein auf und ab, meine kleinen Freundinnen von letzthin verfolgen mich und meine »Braut«. Trotz ihrer Trauer tanzt sie aber sehr gerne, wie sich besonders zeigt als ich sie später dem Dr. Sch. borge. Sie ist Feldarbeiterin. Um 10^{h} mußte sie nach hause fahren.

22 ⟨*Juli 1912*⟩ Frl. Gerloff, Lehrerin, eulenähnliches junges frisches Gesicht, voll lebhafter gespannter Züge. Der Körper ist nachlässiger. – Hr. Eppe Privatschulleiter aus Braunschweig. Ein Mensch, dem ich unterliege. Beherrschendes, wenn notwendig feueriges, durchdachtes, musikalisches, auch zum Schein schwankendes Sprechen. Zartes Gesicht, zarter aber das

ganze Gesicht überwachsender Backen- und Spitzbart. Zimperlicher Gang. Ich saß ihm schief gegenüber als er gleichzeitig mit mir zum erstenmal sich zum gemeinsamen Tische setzte. Eine still kauende Gesellschaft. Er warf Worte hin und her. Blieb es doch still, so blieb es eben still. Sagte aber ein Entfernter ein Wort, so hielt er ihn schon, aber nicht mit Überanstrengung sondern er sprach zu sich, als sei er angeredet und werde angehört und schaute dabei auf die Tomate, die er schälte. Alle wurden aufmerksam, außer die welche sich gedemüthigt fühlten und trotzten wie ich. Niemanden lachte er aus, sondern ließ jedes Meinung auf seinen Worten schaukeln. Rührte sich nichts, so sang er leise beim Nüsseknacken oder den vielen Handreichungen, die bei Rohkost nötig sind. (Der Tisch ist voll Schüsseln und man mischt nach Belieben) Schließlich beteiligte er alle an seinen Angelegenheiten, indem er vorgab alle Speisen notieren und das Verzeichnis seiner Frau schicken zu müssen. Nachdem er einige Tage uns mit seiner Frau entzückt hatte, fiengen neue Geschichten von ihr an. Sie sei gemütskrank, müsse in ein Sanatorium in Goslar, werde nur aufgenommen, wenn sie sich für 8 Wochen verpflichte, eine Wärterin mitbringe u. s. w., das ganze werde, wie er ausgerechnet hat und wie er wiederum bei Tisch vorrechnet über 1800 M kosten. Aber keine Ahnung einer Absicht, Mitleid zu erregen. Aber immerhin will eine so teuere Sache überlegt werden, alle überlegen. Paar Tage später hören wir, daß die Frau kommen wird, vielleicht genügt ihr dieses Sanatorium. Während des Essens bekommt er die Nachricht, daß die Frau mit ihren 2 Jungen eben angekommen ist und ihn erwartet. Er freut sich, ißt aber ruhig bis zu Ende, trotzdem es bei diesem Essen ein Ende nicht gibt, da alle Speisen gleichzeitig auf dem Tisch stehn. Die Frau ist jung, dick, mit nur in der Kleidung angedeuteter Taille, klugen blauen Augen, hochfrisiertem blondem Haar, versteht das Kochen, die Marktverhältnisse u. s. w. ganz genau. Beim Frühstück – seine Familie war noch nicht bei Tisch – erzählt er während des Nüsseknackens Frl. Gerloff und mir: Seine Frau ist gemütskrank, hat die Nieren angegriffen, ihre

Verdauung ist schlecht, sie leidet an Platzangst, schläft erst gegen 5 Uhr in der Nacht ein, wird sie dann früh um 8 geweckt, »ärgert sie sich natürlich wüst« und wird »fuchswild«. Ihr Herz ist in größter Unordnung, sie hat ein schweres Asthma. Ihr Vater ist im Irrenhaus gestorben,

»Keine Karte von Berlin aufzutreiben«

Berliner Umzugspläne (1914/1923)

Vorteile Berlins

Was willst Du also tun?

Von Prag weggehn. Gegenüber diesem stärksten menschlichen Schaden, der mich je getroffen hat, mit dem stärksten Reaktionsmittel, über das ich verfüge, vorgehn.

Den Posten verlassen?

Der Posten ist ja nach dem Obigen ein Teil der Unerträglichkeit. Ich verliere nur eine Unerträglichkeit. Die Sicherheit, das auf Lebensdauer Berechnete, der reichliche Gehalt, die nicht vollständige Anspannung der Kräfte – das sind doch lauter Dinge, mit denen ich als Junggeselle nichts anfangen kann, die sich zu Qualen verwandeln.

Was willst Du also tun?

Ich könnte alle derartigen Fragen mit einemmal beantworten, indem ich sage: ich habe nichts zu riskieren, jeder Tag und jeder geringste Erfolg ist ein Geschenk, alles was ich tue wird gut sein. Aber ich kann auch genauer antworten. Als österreichischer Jurist, der ich ja im Ernst gar nicht bin, habe ich keine für mich brauchbaren Aussichten; das beste, was ich für mich in dieser Richtung erreichen könnte, besitze ich ja in meiner Stelle und kann es doch nicht brauchen. Übrigens kämen für diesen an sich ganz unmöglichen Fall, daß ich aus meiner juristischen Vorbildung etwas für mich herausschlagen wollte, nur 2 Städte in Betracht: Prag aus dem ich weg muß, und Wien, das ich hasse und in dem ich unglücklich werden müßte, denn ich würde schon mit der tiefsten Überzeugung von der Notwendigkeit dessen hinfahren. Ich muß also außerhalb Österreichs und zwar, da ich kein Sprachentalent habe und körperliche sowie kaufmännische Arbeit nur schlecht leisten könnte, wenigstens zunächst nach Deutschland und dort nach Berlin, wo die meisten Möglichkeiten sind, sich zu erhalten. Dort kann ich auch im Journalismus meine schriftstellerischen Fähigkeiten am besten und unmittelbarsten ausnützen und einen mir halbwegs entsprechenden

Gelderwerb finden. Ob ich etwa gar noch darüber hinaus fähig zu inspirierter Arbeit sein werde, darüber kann ich mich jetzt auch nicht mit der geringsten Sicherheit aussprechen. Das aber glaube ich bestimmt zu wissen, daß ich aus dieser selbstständigen und freien Lage, in der ich in Berlin sein werde, (sei sie im übrigen auch noch so elend) das einzige Glücksgefühl ziehen werde, dessen ich jetzt noch fähig bin.

Du bist aber verwöhnt

Nein, ich brauche ein Zimmer und vegetarische Pension, sonst fast nichts.

Fährst Du nicht F.'s wegen hin

Nein, ich wähle Berlin nur aus den obigen Gründen, allerdings liebe ich es auch und vielleicht liebe ich es wegen F. und wegen des Vorstellungskreises um F.; das kann ich nicht kontrollieren. Es ist auch wahrscheinlich, daß ich in Berlin mit F. zusammenkommen werde. Wird mir dieses Zusammensein dazu verhelfen, F. aus meinem Blut hinauszubekommen: desto besser, es ist dann ein weiterer Vorteil von Berlin.

Berlin, hin und zurück

5. IV 14

Wenn es möglich wäre, nach Berlin zu gehn, selbstständig zu werden, von Tag zu Tag zu leben, auch zu hungern, aber seine ganze Kraft ausströmen lassen statt hier zu sparen oder besser sich abzuwenden in das Nichts! Wenn F. es wollte, mir beistehn würde!

[...]

6. V 14 Die Eltern scheinen eine schöne Wohnung für F. und mich gefunden zu haben, ich bin nutzlos einen schönen Nachmittag lang herumgestrichen. Ob sie mich auch noch ins Grab legen werden nach einem durch ihre Sorgfalt glücklichen Leben.

[...]

28 / V 14 Übermorgen fahre ich nach Berlin. Trotz Schlaflosigkeit, Kopfschmerzen und Sorgen vielleicht in einem bessern Zustand als jemals.

[...]

29 V 14 Morgen nach Berlin. Ist es ein nervöser oder ein wirklicher verläßlicher Zusammenhalt den ich fühle. Wie wäre das? Ist es richtig, daß man einmal die Erkenntnis des Schreibens erhält, nichts verfehlt werden kann, nichts versinkt, aber auch nur selten etwas übermäßig hoch emporschlägt. Wäre es das Herandämmern der Ehe mit F.? Sonderbarer mir allerdings in der Erinnerung nicht ganz fremder Zustand.

[...]

6. VI 14 Aus Berlin zurück. War gebunden wie ein Verbrecher. Hätte man mich mit wirklichen Ketten in einen Winkel gesetzt und Gendarmen vor mich gestellt und mich nur auf diese Weise zuschauen lassen, es wäre nicht ärger gewesen. Und das war

meine Verlobung und alle bemühten sich mich zum Leben zu bringen und, da es nicht gelang, mich zu dulden wie ich war. F. allerdings am wenigsten von allen, vollständig berechtigter Weise, denn sie litt am meisten. Was den andern bloße Erscheinung war, war ihr Drohung.

»Keine Karte von Berlin aufzutreiben«

Träume: In Berlin, durch die Straßen, zu ihrem Haus, das ruhige glückliche Bewußtsein, ich bin zwar noch nicht bei ihrem Haus, habe aber die leichte Möglichkeit hinzukommen, werde bestimmt hinkommen. Ich sehe die Straßenzüge, an einem weißen Haus eine Aufschrift etwa »Die Prachtsäle des Nordens« (gestern in der Zeitung gelesen) im Traum hinzugefügt »Berlin W«. Frage einen leutseligen rotnasigen alten Schutzmann, der in einer Art Dieneruniform diesmal steckt. Bekomme überausführliche Auskunft, sogar ein Geländer einer kleinen Rasenanlage in der Ferne wird mir gezeigt, an das ich der Sicherheit halber mich anhalten soll, wenn ich vorüberkomme. Dann Ratschläge betreffend die Elektrische, die Untergrundbahn u. s. w. Ich kann nicht mehr folgen und frage erschrocken, wohl wissend, daß ich die Entfernung unterschätze: »Das ist wohl ½ Stunde weit?« Er aber, der alte Mann, antwortet: »Ich bin dort in 6 Minuten.« Die Freude! Irgend ein Mann, ein Schatten, ein Kamerad begleitet mich immer, ich weiß nicht, wer es ist. Habe förmlich keine Zeit mich umzudrehn, mich seitwärts zu wenden. – Wohne in Berlin in irgend einer Pension, in der scheinbar lauter junge polnische Juden wohnen; ganz kleine Zimmer. Ich verschütte eine Wasserflasche. Einer schreibt unaufhörlich auf einer kleinen Schreibmaschine, wendet kaum den Kopf, wenn man um etwas bittet. Keine Karte von Berlin aufzutreiben. Immer sehe ich in der Hand eines ein Buch, das einem Plan ähnlich ist. Immer zeigt sich, daß es etwas ganz anderes enthält, ein Verzeichnis der Berliner Schulen, eine Steuerstatistik oder etwas derartiges. Ich will es nicht glauben, aber man weist es mir lächelnd ganz zweifellos nach.

An Milena Jesenská

[Berlin, Oktober 1923]

Inzwischen war im Juli etwas Großes mit mir geschehn – was es doch für große Dinge gibt! – ich war mit Hilfe meiner ältesten Schwester an die Ostsee nach Müritz gefahren. Weg von Prag immerhin, aus dem geschlossenen Zimmer hinaus. Mir war recht sehr übel in der ersten Zeit. Dann spann sich in Müritz die Berliner Möglichkeit unwahrscheinlich an. Ich wollte ja im Oktober nach Palästina, wir sprachen ja davon, es wäre natürlich nie dazu gekommen, es war eine Phantasie, wie sie jemand hat, der überzeugt ist daß er sein Bett nie verlassen wird. Wenn ich mein Bett nie verlassen werde, warum soll ich dann nicht zumindest bis nach Palästina fahren. Aber in Müritz kam ich mit einer Ferienkolonie eines Berliner Jüdischen Volksheims zusammen, meistens Ostjuden. Es zog mich sehr an, es lag auf meinem Wege. Ich fing an die Möglichkeit zu denken, nach Berlin zu übersiedeln. Diese Möglichkeit war damals nicht viel stärker als die Palästinensische, dann wurde sie doch stärker. Allein in Berlin zu leben war mir freilich unmöglich, in jeder Hinsicht, und nicht nur in Berlin auch anderswo allein zu leben. Auch dafür fand sich in Müritz eine in ihrer Art unwahrscheinliche Hilfe. [...]

Und nun bin ich also hier; es ist nicht so schlimm bis jetzt, wie Du zu glauben scheinst, in Berlin; ich lebe fast auf dem Land, in einer kleinen Villa mit Garten, es scheint mir, daß ich noch niemals eine so schöne Wohnung hatte, ich werde sie auch gewiß bald verlieren, sie ist zu schön für mich, es ist übrigens die zweite Wohnung schon die ich hier habe. Das Essen ist nicht wesentlich anders als in Prag, bis jetzt, allerdings nur mein Essen. Ebenso ist es mit dem Gesundheitszustand. Das ist alles. Weiterhin wage ich nichts zu sagen, schon das Gesagte ist zu viel, die Luftgeister trinken es gierig ein in ihre unersättlichen Gurgeln.

An Max Brod

[Postkarte. Berlin-Steglitz, Stempel: 8.X.1923]

Lieber Max, Emmy habe ich jetzt ein paar Tage nicht gesehn, einmal waren wir im Botanischen Garten recht freundschaftlich beisammen, wieder überwog der Eindruck der Tapferkeit den der Unruhe. Seitdem ist schlechteres Wetter, Steglitz lockt nicht mehr zu Spaziergängen und vor der Stadt fürchte wieder ich mich. Gestern Sonntag war E., wie mir telephoniert wurde, ein wenig unwohl. Übrigens war gleichzeitig auch mir nicht ganz gut, ein Husten, harmlos der Qualität nach, ärgerlich in der Quantität, kostete mich eine Nacht, ich blieb den Sonntag im Bett und er ist vorüber.

An Felix Weltsch

[Postkarte. Berlin-Steglitz, Stempel: 9. X. 1923]

Lieber Felix, vielen Dank für die »Selbstwehr«, ich bin doch länger geblieben als ich dachte und hätte sie schwer entbehrt. Bei Lise war ich noch nicht, die Tage sind so kurz, sie vergehn mir noch schneller als in Prag und glücklicher Weise viel unmerklicher. Daß sie so schnell vergehn, ist freilich traurig, es verhält sich eben so mit der Zeit, hat man einmal die Hand von ihrem Rad genommen, saust es an einem vorüber und man sieht für die Hand keinen Platz mehr. Über die nächste Umgebung der Wohnung komme ich kaum hinaus, diese ist freilich wunderbar, meine Gasse ist etwa die letzte halb städtische, hinter ihr löst sich das Land in Gärten und Villen auf, alte üppige Gärten. An lauen Abenden ist ein so starker Duft, wie ich ihn von anderswoher kaum kenne. Dann ist da noch der große Botanische Garten, eine Viertelstunde von mir, und der Wald, wo ich allerdings noch nicht war, keine volle halbe Stunde. Die Einfassung des kleinen Auswanderers ist also schön. – Noch eine Bitte, Felix; wenn Du kannst, nimm Dich ein wenig (Stellenvermittlung) des armen Klopstock an.

Herzliche Grüße Dir und den Deinen F

An Max Brod

[Postkarte. Berlin-Steglitz, Ankunftstempel: 16.X.1923]
Lieber Max, Emmy hat es Dir wahrscheinlich schon gesagt, ich will nicht nach Prag, nicht jetzt, vielleicht in 2 Monaten. Deine Befürchtungen sind grundlos: die Zeitungen lese ich nicht, schlimme Folgen der Zeit am eigenen Leibe habe ich bis jetzt nicht gespürt, ich lebe, was das Essen betrifft, ganz genau, aber ganz genau so wie in Prag, bei schlechtem Wetter bleibe ich in meinem Zimmer, der Husten, den ich nur zufällig erwähnte, hat sich nicht wiederholt. Schlimmer ist allerdings, daß in der allerletzten Zeit die Nachtgespenster mich aufgespürt haben, aber auch das ist kein Grund zur Rückfahrt; soll ich ihnen erliegen, dann lieber hier als dort, doch ist es noch nicht so weit. Übrigens werde ich Dich ja bald sehn. Wirst Du so gut sein, mir eine Handtasche mit Wintersachen mitzubringen. Man würde sie als Dein Mitgepäck aufgeben, hier würdest Du den Schein dem Gepäckzustellungsdienst übergeben, nur in Bodenbach würdest Du allerdings Plage damit haben. Würdest Du es tun wollen? Mit E. war ich einigemal beisammen. Sie schien mir wieder fröhlicher und stärker, besonders, wenn sie mit Prag telephoniert hatte.

Dein F

Drei Aufsätze, die mir E. gab, haben mir große Freude gemacht.

An Ottla David

[Berlin-Steglitz, 4. Oktoberwoche 1923]

Es wäre zu erzählen daß ich vorigen Herbst und Winter an Lungenfieber und Magen- und Darmkrämpfen krank war, fast immer lag, sehr herunterkam. Gegen das Frühjahr zu wurde die Lunge besser, der Gesamtzustand aber viel schlechter, denn es begann eine oft ganz unerträgliche Schlaflosigkeit mit den abscheulichsten Kopfzuständen bei Tage, die mich zu allem unfähig machten, insbesondere auch zu einem Besuch in der Anstalt. Ich sah, daß, wenn ich irgendwie weiterleben wollte, ich etwas ganz Radikales tun müßte und wollte nach Palästina fahren. Ich wäre ja dazu gewiß nicht imstande gewesen, bin auch ziemlich unvorbereitet in hebräischer und anderer Hinsicht, aber irgendeine Hoffnung mußte ich mir machen. (Hinsichtlich Palästinas wäre hinzuzufügen, daß es auch wegen der Lunge gewählt war und auch wegen der verhältnismäßig billigen Lebenshaltungskosten dort, da ich bei Freunden gelebt hätte. Von Billigkeit und Kosten wäre überhaupt der Wahrheit gemäß öfters zu reden) Dann kam mit meiner Schwester Hilfe Müritz und die Aussicht auf Berlin als Zwischenstation, Vorbereitungsmöglichkeit für Palästina. Ich versuchte es mit Berlin (auch hier Freunde erwähnen, und Lebenshaltungskosten) und es geht erträglich vorläufig. Lobe nicht übermäßig! Nun habe ich Furcht, daß, wenn ich längere Zeit hierbleibe, irgendwelche Abzüge an den 1000 K gemacht werden, dies würde mir dann die Berliner Möglichkeit nehmen (und damit eigentlich jede Möglichkeit) denn die Teuerung hier ist groß, in manchem fast größer als in Prag und ich brauche wegen meiner Krankheit mehr als ein anderer. Das Ziel bleibt für mich, einmal die Pension ganz entbehren zu können, für absehbare Zeit bin ich aber ganz abhängig von ihr.

An Max Brod

[Berlin-Steglitz, Ankunftstempel: 2. XI. 1923]

Liebster Max, Du kommst also, wie ich von E. hörte. Wie ich es schon im zweiten Brief und in der Karte sagte, ich kann auch nur das für das Richtige halten. Nun ist auch über alles andere damit Zusammenhängende nichts weiter zu schreiben, denn wir werden einander ja bald sehn. Ich bin übrigens heute auch nicht im Besitze aller Geisteskräfte, zu viel mußte ich abgeben an ein ungeheueres Ereignis: ich werde am 15. November übersiedeln. Ein sehr vorteilhafter Umzug wie mir scheint. (Ich fürchte mich fast, diese Sache, die meine Hausfrau erst am 15. November erfahren wird, zwischen ihren über meine Schultern hinweg mitlesenden Möbeln aufzuschreiben, aber sie halten, wenigstens einzelne, zum Teil auch mit mir.)

[…]

Lebwohl und möge uns – unschuldig oder schuldig – noch einmal die Luganosonne scheinen. F.

»Verdammte böse tropische Luft«

Der Süden und Übersee

An Felice Bauer

Prag, am 20. September 1912

Sehr geehrtes Fräulein!

Für den leicht möglichen Fall, daß Sie sich meiner auch im geringsten nicht mehr erinnern könnten, stelle ich mich noch einmal vor: Ich heiße Franz Kafka und bin der Mensch, der Sie zum erstenmal am Abend beim Herrn Direktor Brod in Prag begrüßte, Ihnen dann über den Tisch hin Photographien von einer Thaliareise, eine nach der andern, reichte und der schließlich in dieser Hand, mit der er jetzt die Tasten schlägt, ihre Hand hielt, mit der Sie das Versprechen bekräftigten, im nächsten Jahr eine Palästinareise mit ihm machen zu wollen.

Wenn Sie nun diese Reise noch immer machen wollen – Sie sagten damals, Sie wären nicht wankelmüthig und ich bemerkte auch an Ihnen nichts dergleichen –, dann wird es nicht nur gut, sondern unbedingt notwendig sein, daß wir schon von jetzt ab über diese Reise uns zu verständigen suchen. Denn wir werden unsere gar für eine Palästinareise viel zu kleine Urlaubszeit bis auf den Grund ausnützen müssen und das werden wir nur können, wenn wir uns so gut als möglich vorbereitet haben und über alle Vorbereitungen einig sind.

[...] wenn es auch dagegen Bedenken geben sollte, praktische Bedenken meine ich, mich auf eine Reise als Reisebegleiter, -führer, -Ballast, -Tyrann, und was sich noch aus mir entwickeln könnte, mitzunehmen, gegen mich als Korrespondenten – und darauf käme es ja vorläufig nur an – dürfte nichts Entscheidendes von vornherein einzuwenden sein und Sie könnten es wohl mit mir versuchen.

Ihr herzlich ergebener Dr. Franz Kafka
Prag, Poříč 7

An Felice Bauer

13. VII. 13

Auf unserem Balkon ist es am Abend schön. Ich bin dort jetzt ein Weilchen gesessen. Ich bin unsinnig müde, heute früh, als ich, von der Nacht nur noch viel müder gemacht, aufstehn sollte, habe ich wirklich alles rund um mich verflucht, und mich insbesondere. Wenn ich nicht ordentlich schlafen kann, wie werde ich jemals wieder ordentlich schreiben können? Und wenn ich das nicht kann, dann ist alles ein Traum und zwar ein durchschauter Traum.

Mein neuer Plan ist natürlich nicht der beste Plan. Der beste Plan wäre doch wahrscheinlich, auf irgendeine schlaue Weise etwas Geld zusammenzubringen und mit Dir für immer nach Süden zu fahren auf eine Insel oder an einen See. Im Süden ist, glaube ich, alles möglich. Dort abgeschlossen leben und von Gras und Früchten sich nähren. Aber ich brauche nicht einmal sehr tief in mich hineinzuschauen und ich will nicht einmal nach Süden fahren. *Nur die Nächte mit Schreiben durchrasen, das will ich. Und daran zugrundegehn oder irrsinnig werden, das will ich auch, weil es die notwendige längst vorausgefühlte Folge dessen ist.*

Aber mein neuer Plan ist folgender: Die Wohnung, die ich für uns ausgesucht hatte, kann erst im Mai nächsten Jahres bezogen werden, vorausgesetzt, daß ich sie bekomme, sie ist im Haus einer Baugenossenschaft, deren Mitglied ich geworden bin. Wir verlieren also, Felice, keine Zeit, wenn ich jetzt noch nicht an Deine Eltern schreibe. Bleiben wir also, wie wir sind, bis zum Feber, Jänner oder Weihnachten. Du wirst mich noch besser kennenlernen, es gibt noch einige schreckliche Winkel in mir, die Du nicht kennst. Du wirst die Sommerreise machen und Dir auch dadurch sowie durch die Briefe von meiner Reise einen bessern Überblick verschaffen. Vor allem aber werde ich im Herbst diesen Verlockungen zum Schreiben endlich nachgeben, wenn es nur meine Gesundheit erlaubt, und werde dann selbst sehn, was in mir ist. Ich habe ja so wenig erst gemacht, ich bin nichts, vielleicht gelingt mir etwas im Herbst, schonen will ich mich nicht. Du wirst dann klarer sehn, mit wem Du Dich verbinden willst und was es zu bedenken gibt. Ich freilich werde Dir dann so gehören wie heute. Was sagst Du zu diesem Plan?

Franz

»Verdammte böse tropische Luft«

»Wie?« sagte der Reisende plötzlich. War etwas vergessen? Ein entscheidendes Wort? Ein Griff? Eine Handreichung? Wer kann in das Wirrsal eindringen? Verdammte böse tropische Luft, was machst Du aus mir? Ich weiß nicht was geschieht. Meine Urteilskraft ist zuhause im Norden geblieben.

»Das Wesen des Wüstenwegs«

19 *⟨Oktober 1921⟩* Das Wesen des Wüstenwegs. Ein Mensch, der als Volksführer seines Organismus diesen Weg macht, mit einem Rest (mehr ist nicht denkbar) des Bewußtseins dessen, was geschieht. Die Witterung für Kanaan hat er sein Leben lang; daß er das Land erst vor seinem Tode sehen sollte ist unglaubwürdig. Diese letzte Aussicht kann nur den Sinn haben, darzustellen, ein wie unvollkommener Augenblick das menschliche Leben ist, unvollkommen, weil diese Art des Lebens endlos dauern könnte und doch wieder nichts anderes sich ergeben würde als ein Augenblick. Nicht weil sein Leben zu kurz war kommt Moses nicht nach Kanaan, sondern weil es ein menschliches Leben war. Dieses Ende der 5 Bücher Moses hat eine Ähnlichkeit mit der Schlußszene der Education sentimentale.

»Buschleben«

Buschleben. Eifersucht auf die glückliche, unerschöpfliche und doch sichtbar aus Not (nicht anders als ich) arbeitende, aber immer alle Forderungen des Gegners erfüllende Natur. Und so leicht, so musikalisch.

Schakale und Araber

Wir lagerten in der Oase. Die Gefährten schliefen. Ein Araber, hoch und weiß, kam an mir vorüber; er hatte die Kamele versorgt und ging zum Schlafplatz.

Ich warf mich rücklings ins Gras; ich wollte schlafen; ich konnte nicht; das Klagegeheul eines Schakals in der Ferne; ich saß wieder aufrecht. Und was so weit gewesen war, war plötzlich nah. Ein Gewimmel von Schakalen um mich her; in mattem Gold erglänzende, verlöschende Augen; schlanke Leiber, wie unter einer Peitsche gesetzmäßig und flink bewegt.

Einer kam von rückwärts, drängte sich, unter meinem Arm durch, eng an mich, als brauche er meine Wärme, trat dann vor mich und sprach, fast Aug in Aug mit mir:

»Ich bin der älteste Schakal, weit und breit. Ich bin glücklich, dich noch hier begrüßen zu können. Ich hatte schon die Hoffnung fast aufgegeben, denn wir warten unendlich lange auf dich; meine Mutter hat gewartet und ihre Mutter und weiter alle ihre Mütter bis hinauf zur Mutter aller Schakale. Glaube es!«

»Das wundert mich«, sagte ich und vergaß, den Holzstoß anzuzünden, der bereit lag, um mit seinem Rauch die Schakale abzuhalten, »das wundert mich sehr zu hören. Nur zufällig komme ich aus dem hohen Norden und bin auf einer kurzen Reise begriffen. Was wollt Ihr denn, Schakale?«

Und wie ermutigt durch diesen vielleicht allzu freundlichen Zuspruch zogen sie ihren Kreis enger um mich; alle atmeten kurz und fauchend.

»Wir wissen«, begann der Älteste, »daß du vom Norden kommst, darauf eben baut sich unsere Hoffnung. Dort ist der Verstand, der hier unter den Arabern nicht zu finden ist. Aus diesem kalten Hochmut, weißt du, ist kein Funken Verstand zu schlagen. Sie töten Tiere, um sie zu fressen, und Aas mißachten sie.«

»Rede nicht so laut«, sagte ich, »es schlafen Araber in der Nähe.«

»Du bist wirklich ein Fremder«, sagte der Schakal, »sonst wüßtest du, daß noch niemals in der Weltgeschichte ein Schakal einen Araber gefürchtet hat. Fürchten sollten wir sie? Ist es nicht Unglück genug, daß wir unter solches Volk verstoßen sind?«

»Mag sein, mag sein«, sagte ich, »ich maße mir kein Urteil an in Dingen, die mir so fern liegen; es scheint ein sehr alter Streit; liegt also wohl im Blut; wird also vielleicht erst mit dem Blute enden.«

»Du bist sehr klug«, sagte der alte Schakal; und alle atmeten noch schneller; mit gehetzten Lungen, trotzdem sie doch stillestanden; ein bitterer, zeitweilig nur mit zusammengeklemmten Zähnen erträglicher Geruch entströmte den offenen Mäulern, »du bist sehr klug; das, was du sagst, entspricht unserer alten Lehre. Wir nehmen ihnen also ihr Blut und der Streit ist zu Ende.«

»Oh!« sagte ich wilder, als ich wollte, »sie werden sich wehren; sie werden mit ihren Flinten euch rudelweise niederschießen.«

»Du mißverstehst uns«, sagte er, »nach Menschenart, die sich also auch im hohen Norden nicht verliert. Wir werden sie doch nicht töten. Soviel Wasser hätte der Nil nicht, um uns rein zu waschen. Wir laufen doch schon vor dem bloßen Anblick ihres lebenden Leibes weg, in reinere Luft, in die Wüste, die deshalb unsere Heimat ist.«

Und alle Schakale ringsum, zu denen inzwischen noch viele von fernher gekommen waren, senkten die Köpfe zwischen die Vorderbeine und putzten sie mit den Pfoten; es war, als wollten sie einen Widerwillen verbergen, der so schrecklich war, daß ich am liebsten mit einem hohen Sprung aus ihrem Kreis entflohen wäre.

»Was beabsichtigt Ihr also zu tun«, fragte ich und wollte aufstehn; aber ich konnte nicht; zwei junge Tiere hatten sich mir hinten in Rock und Hemd festgebissen; ich mußte sitzen bleiben. »Sie halten deine Schleppe«, sagte der alte Schakal erklärend und ernsthaft, »eine Ehrbezeugung.« »Sie sollen mich loslassen!« rief ich, bald zum Alten, bald zu den Jungen gewendet. »Sie werden es natürlich«, sagte der Alte, »wenn du es verlangst. Es dauert aber ein Weilchen, denn sie haben nach der Sitte tief sich eingebissen und müssen erst langsam die Gebisse voneinander lösen. Inzwischen höre unsere Bitte.« »Euer Verhalten hat mich dafür nicht sehr empfänglich gemacht«, sagte ich. »Laß uns unser Ungeschick nicht entgelten«, sagte er und nahm jetzt zum erstenmal den Klageton seiner natürlichen Stimme zu Hilfe, »wir sind arme Tiere, wir haben nur das Gebiß; für alles, was wir tun wollen, das Gute und das Schlechte, bleibt uns einzig das Gebiß.« »Was willst du also?« fragte ich, nur wenig besänftigt.

»Herr«, rief er, und alle Schakale heulten auf; in fernster Ferne schien es mir eine Melodie zu sein. »Herr, du sollst den Streit beenden, der die Welt entzweit. So wie du bist, haben unsere Alten den beschrieben, der es tun wird. Frieden müssen wir haben von den Arabern; atembare Luft; gereinigt von ihnen den Ausblick rund am Horizont; kein Klagegeschrei eines Hammels, den der Araber absticht; ruhig soll alles Getier krepieren; ungestört soll es von uns leergetrunken und bis auf die Knochen gereinigt werden. Reinheit, nichts als Reinheit wollen wir,« – und nun weinten, schluchzten alle – wie erträgst nur du es in dieser Welt, du edles Herz und süßes Eingeweide? Schmutz ist ihr Weiß; Schmutz ist ihr Schwarz; ein Grauen ist ihr Bart; speien muß man beim Anblick ihrer Augenwinkel; und heben sie den Arm, tut sich in der Achselhöhle die Hölle auf. Darum, o Herr, darum o teuerer Herr, mit Hilfe deiner alles vermögenden Hände, mit Hilfe deiner alles vermögenden Hände schneide ihnen mit dieser Schere die Hälse durch! « Und einem Ruck seines Kopfes folgend kam ein Schakal herbei, der an einem Eckzahn eine kleine, mit altem Rost bedeckte Nähschere trug.

»Also endlich die Schere und damit Schluß!« rief der Araberführer unserer Karawane, der sich gegen den Wind an uns herangeschlichen hatte und nun seine riesige Peitsche schwang.

Alles verlief sich eiligst, aber in einiger Entfernung blieben sie doch, eng zusammengekauert, die vielen Tiere so eng und starr, daß es aussah wie eine schmale Hürde, von Irrlichtern umflogen.

»So hast du, Herr, auch dieses Schauspiel gesehen und gehört«, sagte der Araber und lachte so fröhlich, als es die Zurückhaltung seines Stammes erlaubte. »Du weißt also, was die Tiere wollen?« fragte ich. »Natürlich, Herr«, sagte er, »das ist doch allbekannt; solange es Araber gibt, wandert diese Schere durch die Wüste und wird mit uns wandern bis ans Ende der Tage. Jedem Europäer wird sie angeboten zu dem großen Werk; jeder Europäer ist gerade derjenige, welcher ihnen berufen scheint. Eine unsinnige Hoffnung haben diese Tiere; Narren, wahre Narren sind sie. Wir lieben sie deshalb; es sind unsere Hunde; schöner als die Eurigen. Sieh nur, ein Kamel ist in der Nacht verendet, ich habe es herschaffen lassen.«

Vier Träger kamen und warfen den schweren Kadaver vor uns hin. Kaum lag er da, erhoben die Schakale ihre Stimmen. Wie von Stricken unwiderstehlich jeder einzelne gezogen, kamen sie, stockend, mit dem Leib den Boden streifend, heran. Sie hatten die Araber vergessen, den Haß vergessen, die alles auslöschende Gegenwart des stark ausdunstenden Leichnams bezauberte sie. Schon hing einer am Hals und fand mit dem ersten Biß die Schlagader. Wie eine kleine rasende Pumpe, die ebenso unbedingt wie aussichtslos einen übermächtigen Brand löschen will, zerrte und zuckte jede Muskel seines Körpers an ihrem Platz. Und schon lagen in gleicher Arbeit alle auf dem Leichnam hoch zu Berg.

Da strich der Führer kräftig mit der scharfen Peitsche kreuz und quer über sie. Sie hoben die Köpfe; halb in Rausch und Ohnmacht; sahen die Araber vor sich stehen; bekamen jetzt die Peitsche mit den Schnauzen zu fühlen; zogen sich im Sprung zurück und liefen eine Strecke rückwärts. Aber das Blut des Kamels lag schon in Lachen da, rauchte empor, der Körper war an mehreren Stellen weit aufgerissen. Sie konnten nicht widerstehen; wieder waren sie da; wieder hob der Führer die Peitsche; ich faßte seinen Arm.

»Du hast Recht, Herr«, sagte er, »wir lassen sie bei ihrem Beruf; auch ist es Zeit aufzubrechen. Gesehen hast du sie. Wunderbare Tiere, nicht wahr? Und wie sie uns hassen!«

An Else Bergmann

Müritz, 13. 7. 1923

Liebe Frau Else,

die kleine Vorprobe zur größeren Reise wäre überstanden, weder sehr schlecht, noch sehr ruhmvoll, immerhin weniger eine Vorprobe zu größeren, als vielmehr zur großen Reise. – Werden Sie nicht ein wenig den Garten lassen und irgendwohin ans Meer kommen? Das Meer ist wahrhaftig in den 10 Jahren, seitdem ich es nicht mehr gesehen habe, schöner, mannigfaltiger, lebendiger, jünger geworden. Aber mehr Freude macht mir noch eine Ferienkolonie des Berliner Jüdischen Volksheims, gesunde, fröhliche Kinder, an denen ich mich wärme. Heute werde ich mit ihnen Freitag-Abend feiern, ich glaube zum ersten Mal in meinem Leben.

Leben Sie wohl und grüßen Sie den Kleinen Ihr K.

[Müritz, Juli 1923]

Liebe, liebe Frau Else,

nicht nur die Schwierigkeit, den alle paar Tage wechselnden Posttarif zu erfahren, verzögert den Brief. Ich weiß, daß ich jetzt ganz gewiß nicht fahren werde – wie könnte ich denn fahren – aber daß mit Ihrem Brief förmlich das Schiff an der Schwelle meines Zimmers anlegt und Sie dort stehen und mich fragen und mich so fragen, das ist nichts Geringes. Übrigens sagen Sie selbst – unbegreiflich nahe mit der abseitigen Sache beschäftigt – zum Teil die Antwort auf Ihre Frage. Es wäre, vorausgesetzt, daß etwas derartiges überhaupt für mich durchführbar wäre, keine eigentliche Palästinafahrt jetzt geworden, ganz und gar nicht – dazu, was es geworden wäre, kann ich jetzt nicht kommen, denn eben kommt Ihr Einschreibebrief in der dummen, dummen Sache. Erstens: hätte ich gewußt, daß das Buch überhaupt irgendeinen Wert für Sie hat, wäre mir nicht eingefallen, darum zu schreiben und ich wäre einfach stolz und froh gewesen, daß es mit Ihnen nach Palästina schwimmt. Zweitens: Das Buch wäre mir gar nicht eingefallen, wenn es hier, wo ich ein wenig in gärtnerischer Atmosphäre bin, nicht mit besonderem Lob erwähnt worden wäre. Drittens: wie es die Mutter auch gemacht haben mag – so wie ich wollte, leider gewiß nicht, was daran schlecht war, war gewiß nicht gegen Sie persönlich gerichtet, bitte glauben Sie es, sondern gegen die »palästinensische Gefahr«. Und damit verlassen wir diese Sache, allerdings nicht ohne die Bitte, daß Sie dem Buch, wenn Sie es benützen, die Freude ansehen, mit der es Ihnen im Namen seines früheren Besitzers dient, trotzdem Sie es ihm wahr und wahrhaftig abgekauft haben. –

Also zurück: es wäre keine Palästinafahrt geworden, sondern im geistigen Sinne etwas wie eine Amerikafahrt eines Kassierers, der viel Geld veruntreut hat, und daß die Fahrt mit Ihnen gemacht worden wäre, hätte die geistige Kriminalität des Falles noch sehr erhöht. Nein, so hätte ich nicht fahren dürfen, selbst wenn ich es hätte können – wiederhole ich, und: »alle Plätze sind schon vergeben« fügen Sie hinzu. Und wieder fängt die Lockung an und wieder antwortet die absolute Unmöglichkeit und so ist es, wie traurig es auch ist, letzten Endes doch sehr recht. Und die Hoffnung bleibt für später und Sie sind gut und stören sie nicht.

Leben Sie wohl und bleiben Sie mir gut Ihr K.

Der Verschollene

Als der siebzehnjährige Karl Roßmann, der von seinen armen Eltern nach Amerika geschickt worden war, weil ihn ein Dienstmädchen verführt und ein Kind von ihm bekommen hatte, in dem schon langsam gewordenen Schiff in den Hafen von Newyork einfuhr, erblickte er die schon längst beobachtete Statue der Freiheitsgöttin wie in einem plötzlich stärker gewordenen Sonnenlicht. Ihr Arm mit dem Schwert ragte wie neuerdings empor und um ihre Gestalt wehten die freien Lüfte.

»So hoch«, sagte er sich und wurde, wie er so gar nicht an das Weggehn dachte, von der immer mehr anschwellenden Menge der Gepäckträger, die an ihm vorüberzogen, allmählich bis an das Bordgeländer geschoben.

Ein junger Mann, mit dem er während der Fahrt flüchtig bekannt geworden war sagte im Vorübergehn: »Ja haben Sie denn noch keine Lust auszusteigen?« »Ich bin doch fertig«, sagte Karl ihn anlachend und hob, aus Übermut und weil er ein starker Junge war, den Koffer auf die Achsel. Aber wie er über seinen Bekannten hinsah, der ein wenig seinen Stock schwenkend sich schon mit den andern entfernte, merkte er, daß er seinen Regenschirm unten im Schiff vergessen hatte. Er bat schnell den Bekannten, der nicht sehr beglückt schien, um die Freundlichkeit, bei seinem Koffer einen Augenblick zu warten, überblickte schnell die Situation um sich bei der Rückkehr zurechtzufinden und eilte davon. Unten fand er zu seinem Bedauern einen Gang, der seinen Weg sehr verkürzt hätte, zum erstenmal versperrt, was wahrscheinlich mit der Ausschiffung sämtlicher Passagiere zusammenhieng, und mußte sich seinen Weg durch eine Unzahl kleiner Räume, fortwährend abbiegende Korridore, kurze Treppen, die einander aber immer wieder folgten, ein leeres Zimmer mit einem verlassenen Schreibtisch mühselig suchen, bis er sich tatsächlich, da er diesen Weg nur ein oder zweimal und immer in größerer Gesellschaft gegangen war, ganz und gar verirrt hatte.

In seiner Ratlosigkeit und da er keinen Menschen traf und nur immerfort über sich das Scharren der tausend Menschenfüße hörte und von der Ferne wie einen Hauch das letzte Arbeiten der schon eingestellten Maschine merkte, fieng er ohne zu überlegen, an eine beliebige kleine Türe zu schlagen an, bei der er in seinem Herumirren stockte. »Es ist ja offen«, rief es von innen und Karl öffnete mit ehrlichem Aufatmen die Tür. »Warum schlagen Sie so verrückt auf die Tür?« fragte ein riesiger Mann, kaum daß er nach Karl hinsah. Durch irgendeine Oberlichtluke fiel ein trübes oben im Schiff längst abgebrauchtes Licht in die klägliche Kabine, in welcher ein Bett, ein Schrank, ein Sessel und der Mann knapp neben einander wie eingelagert standen. »Ich habe mich verirrt«, sagte Karl, »ich habe es während der Fahrt gar nicht so bemerkt, aber es ist ein schrecklich großes Schiff.« »Ja da haben Sie recht«, sagte der Mann mit einigem Stolz und hörte nicht auf an dem Schloß eines kleinen Koffers zu hantieren, den er mit beiden Händen immer wieder zudrückte, um das Einschnappen des Riegels zu behorchen. »Aber kommen Sie doch herein«, sagte der Mann weiter, »Sie werden doch nicht draußen stehn.« »Störe ich nicht?« fragte Karl. »Ach wie werden Sie denn stören.« »Sind Sie ein Deutscher?« suchte sich Karl noch zu versichern, da er viel von den Gefahren gehört hatte, welche besonders von Irländern den Neuankömmlingen in Amerika drohen. »Bin ich, bin ich«, sagte der Mann. Karl zögerte noch. Da faßte unversehens der Mann die Türklinke und schob mit der Türe, die er rasch schloß, Karl zu sich herein. »Ich kann es nicht leiden, wenn man mir vom Gang hereinschaut«, sagte der Mann, der wieder an seinem Koffer arbeitete. »Da lauft jeder vorbei und schaut herein, das soll der Zehnte aushalten.« »Aber der Gang ist doch ganz leer«, sagte Karl, der unbehaglich an den Bettpfosten gequetscht dastand. »Ja jetzt«, sagte der Mann. »Es handelt sich doch um jetzt«, dachte Karl, »mit dem Mann ist schwer zu reden.« »Legen Sie sich doch aufs Bett, da haben Sie mehr Platz«, sagte der Mann. Karl kroch so gut es gieng hinein und lachte dabei laut über den ersten vergeblichen Versuch sich herüber zu schwingen. Kaum war er aber drin, rief er: »Gotteswillen, ich habe ja ganz an meinen Koffer vergessen.« »Wo ist er denn?« »Oben auf dem Deck, ein Bekannter gibt acht auf ihn. Wie heißt er nur?« Und er zog aus einer Geheimtasche, die ihm seine Mutter für die Reise im Rockfutter angelegt hatte, eine Visitkarte. »Butterbaum, Franz Butterbaum.« »Haben Sie den Koffer sehr nötig?« »Natürlich.« »Ja warum haben Sie ihn dann einem fremden Menschen gegeben?« »Ich hatte meinen Regenschirm unten vergessen und bin gelaufen ihn zu holen, wollte aber den Koffer nicht mitschleppen. Dann habe ich mich auch noch verirrt.« »Sie sind allein? Ohne Begleitung?« »Ja, allein.« Ich sollte mich vielleicht an diesen Mann halten, gieng es Karl durch den Kopf, wo finde ich gleich einen bessern Freund. »Und jetzt haben Sie auch noch den Koffer verloren. Vom Regenschirm rede ich gar nicht«, und der Mann setzte sich auf den Sessel, als habe Karls Sache jetzt einiges Interesse für ihn gewonnen. »Ich glaube aber, der Koffer ist noch nicht verloren.« »Glauben macht selig«, sagte der Mann und kratzte sich kräftig in seinem dunklen kurzen dichten Haar. »Auf dem Schiff wechseln mit den Hafenplätzen auch die Sitten, in Hamburg hätte Ihr Butterbaum den Koffer vielleicht bewacht, hier ist höchstwahrscheinlich schon von beiden keine Spur mehr.« »Da muß ich aber doch gleich hinaufschauen«, sagte Karl und sah sich um wie er herauskommen könnte. »Bleiben Sie nur«, sagte der Mann und stieß ihn mit einer Hand gegen die Brust geradezu rauh ins Bett zurück. »Warum denn?« fragte Karl ärgerlich. »Weil es keinen Sinn hat«, sagte der Mann. »In einem kleinen Weilchen gehe ich auch, dann gehn wir zusammen. Entweder ist der Koffer gestohlen, dann ist keine Hilfe und Sie können ihm nachweinen bis an das Ende Ihrer Tage oder der Mensch bewacht ihn noch immer, dann ist er ein Dummkopf und soll weiter wachen oder er ist bloß ein ehrlicher Mensch und hat den Koffer stehn gelassen, dann werden wir ihn bis das Schiff ganz entleert ist, desto besser finden. Ebenso auch Ihren Regenschirm.« »Kennen Sie sich auf dem Schiff aus?« fragte Karl mißtrauisch und es schien ihm, als hätte der sonst überzeugende Gedanke, daß auf dem leeren Schiff seine Sachen am besten zu finden sein würden, einen verborgenen Haken. »Ich bin doch Schiffsheizer«, sagte der Mann. »Sie sind Schiffsheizer«, rief Karl freudig, als überstiege das alle Erwartungen, und sah den Elbogen aufgestützt den Mann näher an. »Gerade vor der Kammer, wo ich mit den Slowacken geschlafen habe, war eine Luke angebracht durch die man in den Maschinenraum sehen konnte.« »Ja dort habe ich gearbeitet«, sagte der Heizer. »Ich habe mich immer so für Technik interessiert«, sagte Karl, der in einem bestimmten Gedankengang blieb, »und ich wäre sicher später Ingenieur geworden, wenn ich nicht nach Amerika hätte fahren müssen.« »Warum haben Sie denn fahren müssen?« »Ach was!« sagte Karl und warf die ganze Geschichte mit der Hand weg. Dabei sah er lächelnd den Heizer an, als bitte er ihn selbst für das nicht Eingestandene um seine Nachsicht. »Es wird schon einen Grund gehabt haben«, sagte der Heizer und man wußte nicht recht, ob er damit die Erzählung dieses Grundes fordern oder abwehren wolle. »Jetzt könnte ich auch Heizer werden«, sagte Karl, »meinen Eltern ist es jetzt ganz gleichgiltig was ich werde.« »Meine Stelle wird frei«, sagte der Heizer, steckte im Vollbewußtsein dessen die Hände in die Hosentaschen und warf die Beine, die in faltigen, lederartigen, eisengrauen Hosen steckten, aufs Bett hin, um sie zu strecken. Karl mußte mehr an die Wand rücken. »Sie verlassen das Schiff?« »Jawoll, wir marschieren heute ab.« »Warum denn? Gefällt es Ihnen nicht?« »Ja, das sind so die Verhältnisse, es entscheidet nicht immer, ob es einem gefällt oder nicht. Übrigens haben Sie recht, es gefällt mir auch nicht. Sie denken wahrscheinlich nicht mit Entschlossenheit daran Heizer zu werden, aber gerade dann kann man es am leichtesten werden. Ich also rate Ihnen entschieden ab. Wenn Sie in Europa studieren wollten, warum wollen Sie es denn hier nicht. Die amerikanischen Universitäten sind ja unvergleichlich besser.« »Das ist ja möglich«, sagte Karl, »aber ich habe ja fast kein Geld zum Studieren. Ich habe zwar von irgend jemandem gelesen, der bei Tag in einem Geschäft gearbeitet und in der Nacht studiert hat, bis er Doktor und ich glaube Bürgermeister wurde. Aber dazu gehört doch eine große Ausdauer, nicht? Ich fürchte, die fehlt mir. Außerdem war ich gar kein besonders guter Schüler, der Abschied von der Schule ist mir wirklich nicht schwer geworden. Und die Schulen hier sind vielleicht noch strenger. Englisch kann ich fast gar nicht. Überhaupt ist man hier gegen Fremde so eingenommen, glaube ich.« »Haben Sie das auch schon erfahren? Na, dann ist gut. Dann sind Sie mein Mann. Sehn Sie, wir sind doch auf einem deutschen Schiff, es gehört der Hamburg Amerika Linie, warum sind wir nicht lauter Deutsche hier? Warum ist der Obermaschinist ein Rumäne? Er heißt Schubal. Das ist doch nicht zu glauben. Und dieser Lumpenhund schindet uns Deutsche auf einem deutschen Schiff. Glauben Sie nicht« – ihm gieng die Luft aus, er fackelte mit der Hand – »daß ich klage um zu klagen. Ich weiß daß Sie keinen Einfluß haben und selbst ein armes Bürschchen sind. Aber es ist zu arg.« Und er schlug auf den Tisch mehrmals hart mit der Faust und ließ kein Auge von ihr, während er schlug. »Ich habe doch schon auf so vielen Schiffen gedient« – und er nannte zwanzig Namen hinter einander als sei es ein Wort, Karl wurde ganz wirr – »und habe mich ausgezeichnet, bin belobt worden, war ein Arbeiter nach dem Geschmack meiner Kapitäne, sogar auf dem gleichen Handelssegler war ich einige Jahre« – er erhob sich als sei das der Höhepunkt seines Lebens – »und hier auf diesem Kasten, wo alles nach der Schnur eingerichtet ist, wo kein Witz erfordert wird – hier taug ich nichts, hier steh ich dem Schubal immer im Wege, bin ein Faulpelz, verdiene herausgeworfen zu werden und bekomme meinen Lohn aus Gnade. Verstehn Sie das? Ich nicht.« »Das dürfen Sie sich nicht gefallen lassen«, sagte Karl aufgeregt. Er hatte fast das Gefühl davon verloren, daß er auf dem unsichern Boden eines Schiffes an der Küste eines unbekannten Erdteils war, so heimisch war ihm hier auf dem Bett des Heizers zumute.

*

Sie fuhren zwei Tage und zwei Nächte. Jetzt erst begriff Karl die Größe Amerikas. Unermüdlich sah er aus dem Fenster und Giacomo drängte sich solange mit heran, bis die Burschen gegenüber die sich viel mit Kartenspiel beschäftigten dessen überdrüssig wurden und ihm freiwillig den Fensterplatz einräumten. Karl dankte ihnen – Giacomos Englisch war nicht jedem verständlich – und sie wurden im Laufe der Zeit, wie es unter Coupeegenossen nicht anders sein kann, viel freundlicher, doch war auch ihre Freundlichkeit oft lästig, da sie z. B. immer wenn ihnen eine Karte auf den Boden fiel und sie den Boden nach ihr absuchten, Karl oder Giacomo mit aller Kraft ins Bein zwickten. Giacomo schrie dann, immer von neuem überrascht, und zog das Bein in die Höhe, Karl versuchte manchmal mit einem Fußtritt zu antworten, duldete aber im übrigen alles schweigend. Alles was sich in dem kleinen, selbst bei offenem Fenster von Rauch überfüllten Coupee ereignete vergieng vor dem was draußen zu sehen war.

Am ersten Tag fuhren sie durch ein hohes Gebirge. Bläulichschwarze Steinmassen giengen in spitzen Keilen bis an den Zug heran, man beugte sich aus dem Fenster und suchte vergebens ihre Gipfel, dunkle schmale zerrissene Täler öffneten sich, man beschrieb mit dem Finger die Richtung, in der sie sich verloren, breite Bergströme kamen eilend als große Wellen auf dem hügeligen Untergrund und in sich tausend kleine Schaumwellen treibend, sie stürzten sich unter die Brücken über die der Zug fuhr und sie waren so nah daß der Hauch ihrer Kühle das Gesicht erschauern machte.

»Denn ich, ich liege inzwischen in meinem Bett«

Reisemüdigkeit und Reiseangst

An Max Brod

[Planá, Stempel: 5. VII. 1922]

Lieber Max, nach einer schlaflosen Nacht, der ersten in Planá, bin ich zwar zu allem andern unfähig, aber Deinen Brief kann ich vielleicht besser verstehn als sonst, besser als Du, vielleicht aber überspitze ich es und verstehe ihn zu gut, denn Dein Fall ist doch insofern von meinem verschieden, als er zwar auch nicht wirklich, aber wirklichkeitsnäher ist als der meine. Mir ist folgendes geschehn: Ich sollte, wie Du weißt, nach Georgental fahren, ich hatte niemals einen Einwand dagegen; wenn ich einmal sagte, es würden dort zu viel Schriftsteller sein, so war das vielleicht eine Vorahnung des Kommenden, aber als Einwand war es nicht ernstlich, war es nur Koketterie, im Gegenteil, in der Nähe bewundere ich jeden Schriftsteller, (darum wollte ich auch zur Preissová, von der mir auch Deine Frau abgeraten hat), ich bewundere zwar jeden Menschen, aber den Schriftsteller besonders, vor allem den mir sonst persönlich unbekannten Schriftsteller, unvorstellbar ist mir, wie er sich in diesem luftigen und schrecklichen Reich so behaglich eingerichtet hat und wie er dort so geordnete Wirtschaft führt; die meisten Schriftsteller, die ich kenne, kommen mir, wenigstens in Person, behaglich vor, auch Winder z.B. Und zudritt wäre es für meine Verhältnisse sogar besonders angenehm, es würde gar nicht auf mich ankommen, ich könnte mich zur Seite halten und wäre doch nicht allein, wovor ich mich fürchte. Und hätte auch sonst in Oskar, den ich lieb habe und der gut zu mir ist, einen Rückhalt. Und ich würde wieder ein neues Stück Welt sehn, zum ersten Mal seit acht Jahren wieder Deutschland. Und billig ist es und gesund. Und hier ist es zwar schön bei Ottla und besonders jetzt, da ich mein altes Zimmer wieder habe, aber gerade gegen Ende des Monats und im nächsten Monat kommen Gäste aus des Schwagers Familie, der Platz wird wieder ein wenig beengt sein, es wäre sehr gut, wenn ich wegfahre, und zurückkommen kann ich ja wieder, denn Ottla bleibt bis Ende September. Hier ist also keine Verstandes- und Gefühlslücke, die Reise ist unbedingt zu empfehlen. Und nun ist gestern ein sehr lieber, ausführlicher Brief Oskars gekommen, ein schönes stilles Zimmer mit Balkon, Liegestuhl, guter Ernährung, Gartenaussicht für 150 M täglich ist gefunden, ich brauche nur anzunehmen oder vielmehr ich habe schon im voraus angenommen, denn ich hatte ja gesagt, daß ich, wenn etwas derartiges gefunden wird, bestimmt komme.

Und was geschieht nun? Ich habe, um es zuerst ganz allgemein zu sagen, Angst vor der Reise, ich ahnte es schon, als in den letzten Tagen das Ausbleiben des Oskarschen Briefes mir Freude machte. Aber es ist nicht Angst vor dem Reisen selbst, ich bin doch auch, allerdings nur 2 Stunden und dort sind es zwölf, hierher gefahren und das Fahren selbst war mir langweilig aber sonst gleichgültig. Es ist nicht Reiseangst, wie man es letzthin z.B. von Myslbeck las, der nach Italien fahren wollte und schon bei Beneschau umkehren mußte. Es ist nicht Angst vor Georgental, wo ich mich, wenn ich doch hinkommen sollte, gewiß sofort, noch am gleichen Abend eingewöhnt haben werde. Es ist auch nicht Willensschwäche, bei welcher der Entschluß erst dann eintreten will, wenn der Verstand alles genau ausgerechnet hat, was meist unmöglich ist. Hier ist ein Grenzfall, wo der Verstand wirklich rechnen kann und immer wieder zu dem Resultat kommt, daß ich fahren soll. Eher ist es Angst vor der Veränderung, Angst davor, die Aufmerksamkeit der Götter durch eine für meine Verhältnisse große Tat auf mich zu lenken.

Als ich heute in der schlaflosen Nacht alles immer wieder hin- und hergehn ließ zwischen den schmerzenden Schläfen, wurde mir wieder, was ich in der letzten genug ruhigen Zeit fast vergessen hatte, bewußt, auf was für einem schwachen oder gar nicht vorhandenen Boden ich lebe, über einem Dunkel, aus dem die dunkle Gewalt nach ihrem Willen hervorkommt und, ohne sich an mein Stottern zu kehren, mein Leben zerstört. Das Schreiben erhält mich, aber ist es nicht richtiger zu sagen, daß es diese Art Leben erhält? Damit meine ich natürlich nicht, daß mein Leben besser ist, wenn ich nicht schreibe. Vielmehr ist es dann viel schlimmer und gänzlich unerträglich und muß mit dem Irrsinn enden. Aber das freilich nur unter der Bedingung, daß ich, wie es tatsächlich der Fall ist, auch wenn ich nicht schreibe, Schriftsteller bin und ein nicht schreibender Schriftsteller ist allerdings ein den Irrsinn herausforderndes Unding. Aber wie ist es mit dem Schriftstellersein selbst? Das Schreiben ist ein süßer wunderbarer Lohn, aber wofür? In der Nacht war es mir mit der Deutlichkeit kindlichen Anschauungsunterrichtes klar, daß es der Lohn für Teufelsdienst ist. Dieses Hinabgehen zu den dunklen Mächten, diese Entfesselung von Natur aus gebundener Geister, fragwürdige Umarmungen und was alles noch unten vor sich gehen mag, von dem man oben nichts mehr weiß, wenn man im Sonnenlicht Geschichten schreibt. Vielleicht gibt es auch anderes Schreiben, ich kenne nur dieses; in der Nacht, wenn mich die Angst nicht schlafen läßt, kenne ich nur dieses. Und das Teuflische daran scheint mir sehr klar. Es ist die Eitelkeit und Genußsucht, die immerfort um die eigene oder auch um eine fremde Gestalt – die Bewegung vervielfältigt sich dann, es wird ein Sonnensystem der Eitelkeit – schwirrt und sie genießt. Was der naive Mensch sich manchmal wünscht: »Ich wollte sterben und sehn, wie man mich beweint«, das verwirklicht ein solcher Schriftsteller fortwährend, er stirbt (oder er lebt nicht) und beweint sich fortwährend. Daher kommt eine schreckliche Todesangst, die sich nicht als Todesangst äußern muß, sondern auch auftreten kann als Angst vor Veränderung, als Angst vor Georgental. Die Gründe für die Todesangst lassen sich in zwei Hauptgruppen teilen. Erstens hat er schreckliche Angst zu sterben, weil er noch nicht gelebt hat. Damit meine ich nicht, daß zum Leben Weib und Kind und Feld und Vieh nötig ist. Nötig zum Leben ist nur, auf Selbstgenuß zu verzichten; einziehn in das Haus, statt es zu bewundern und zu bekränzen. Dagegen könnte man sagen, daß das Schicksal ist und in niemandes Hand gegeben. Aber warum hat man dann Reue, warum hört die Reue nicht auf? Um sich schöner und schmackhafter zu machen? Auch das. Aber warum bleibt darüber hinaus das Schlußwort in solchen Nächten immer: Ich könnte leben und lebe nicht. Der zweite Hauptgrund – vielleicht ist es auch nur einer, jetzt wollen sich mir die zwei nicht recht sondern – ist die Überlegung: »Was ich gespielt habe, wird wirklich geschehn. Ich habe mich durch das Schreiben nicht losgekauft. Mein Leben lang bin ich gestorben und nun werde ich wirklich sterben. Mein Leben war süßer als das der andern, mein Tod wird um so schrecklicher sein. Der Schriftsteller in mir wird natürlich sofort sterben, denn eine solche Figur hat keinen Boden, hat keinen Bestand, ist nicht einmal aus Staub; ist nur im tollsten irdischen Leben ein wenig möglich, ist nur eine Konstruktion der Genußsucht. Dies ist der Schriftsteller. Ich selbst aber kann nicht weiterleben, da ich ja nicht gelebt habe, ich bin Lehm geblieben, den Funken habe ich nicht zum Feuer gemacht, sondern nur zur Illuminierung meines Leichnams benützt.« Es wird ein eigentümliches Begräbnis werden, der Schriftsteller, also etwas nicht Bestehendes, übergibt den alten Leichnam, den Leichnam seit jeher, dem Grab. Ich bin genug Schriftsteller, um das in völliger Selbstvergessenheit – nicht Wachheit, Selbstvergessenheit ist erste Voraussetzung des Schriftstellertums – mit allen Sinnen genießen oder, was dasselbe ist, erzählen zu wollen, aber das wird nicht mehr geschehn. Aber warum rede ich nur vom wirklichen Sterben. Im Leben ist es ja das Gleiche. Ich sitze hier in der bequemen Haltung des Schriftstellers, bereit zu allem Schönen, und muß untätig zusehn – denn was kann ich anderes als schreiben –, wie mein wirkliches Ich, dieses arme, wehrlose (das Dasein des Schriftstellers ist ein Argument gegen die Seele, denn die Seele hat doch offenbar das wirkliche Ich verlassen, ist aber nur Schriftsteller geworden, hat es nicht weiter gebracht; sollte die Trennung vom Ich die Seele so sehr schwächen können?) aus einem beliebigen Anlaß, einer kleinen Reise nach Georgental, (ich wage es nicht stehn zu lassen, es ist auch in dieser Weise nicht richtig) vom Teufel gezwickt, geprügelt und fast zermahlen wird. Mit welchem Recht erschrecke ich, der ich nicht zuhause war, daß das Haus plötzlich zusammenbricht; weiß ich denn, was dem Zusammenbruch vorhergegangen ist, bin ich nicht ausgewandert und habe das Haus allen bösen Mächten überlassen?

Ich habe gestern Oskar geschrieben, zwar meine Angst erwähnt, aber meine Ankunft zugesagt, der Brief ist noch nicht weggeschickt, inzwischen war die Nacht. Vielleicht warte ich noch eine Nacht ab; überstehe ich es nicht, müßte ich doch abschreiben. Damit ist dann entschieden, daß ich aus Böhmen nicht mehr hinausfahren darf, nächstens werde ich dann auf Prag eingeschränkt, dann auf mein Zimmer, dann auf mein Bett, dann auf eine bestimmte Körperlage, dann auf nichts mehr. Vielleicht werde ich dann auf das Glück des Schreibens freiwillig – auf die Freiwilligkeit und Freudigkeit kommt es an, – verzichten können.

Um diese ganze Geschichte schriftstellerisch zu pointieren – nicht ich pointiere, die Sache tut es – muß ich hinzufügen, daß in meiner Angst vor der Reise sogar die Überlegung eine Rolle spielt, ich würde zumindest durch einige Tage vom Schreibtisch abgehalten sein. Und diese lächerliche Überlegung ist in Wirklichkeit die einzige berechtigte, denn das Dasein des Schriftstellers ist wirklich vom Schreibtisch abhängig, er darf sich eigentlich, wenn er dem Irrsinn entgehen will, niemals vom Schreibtisch entfernen, mit den Zähnen muß er sich festhalten.

Die Definition des Schriftstellers, eines solchen Schriftstellers, und die Erklärung seiner Wirkung, wenn es eine Wirkung überhaupt gibt: Er ist der Sündenbock der Menschheit, er erlaubt den Menschen, eine Sünde schuldlos zu genießen, fast schuldlos.

Vorgestern war ich zufällig auf dem Bahnhof (mein Schwager wollte wegfahren, fuhr dann aber nicht), zufällig wurde hier der Wiener Schnellzug angehalten, weil er auf den nach Prag fahrenden Schnellzug warten sollte, zufällig war Deine Frau dort, eine angenehme Überraschung, wir sprachen ein paar Minuten miteinander, sie erzählte von dem Abschluß der Novelle.

Fahre ich nach Georgental, bin ich in zehn Tagen in Prag, liege glücklich auf Deinem Kanapee und Du liest vor. Fahre ich aber nicht –

Hochzeitsvorbereitungen auf dem Lande

Als Eduard Raban durch den Flurgang kommend, in die Öffnung des Thores trat sah er, daß es regnete. Es regnete wenig.

Auf dem Trottoir gleich vor ihm gab es viele Menschen in verschiedenartigem Schritt. Manchmal trat einer vor und durchquerte die Fahrbahn. Ein kleines Mädchen hielt in den vorgestreckten Händen ein müdes Hündchen. Zwei Herren machten einander Mittheilungen, der eine hielt die Hände mit der innern Fläche nach oben und bewegte sie gleichmäßig als halte er eine Last in Schwebe. Da erblickte man eine Dame, deren Hut viel beladen war mit Bändern, Spangen und Blumen. Und es eilte ein junger Mensch mit dünnem Stock vorüber, die linke Hand als wäre sie gelähmt platt auf der Brust. Ab und zu kamen Männer welche rauchten und kleine aufrechte längliche Wolken vor sich her trugen. Drei Herren – zwei hielten leichte Überröcke auf dem geknickten Unterarm – giengen oft von der Häusermauer zum Rande des Trottoirs vor, betrachteten das was sich dort ereignete und zogen dann sprechend sich wieder zurück.

Durch die Lücken zwischen den Vorübergehenden sah man die regelmäßig gefügten Steine der Fahrbahn. Da wurden Wagen auf zarten hohen Rädern von Pferden mit gestreckten Hälsen gezogen. Die Leute, welche in den gepolsterten Sitzen lehnten sahen schweigend die Fußgänger, die Läden, die Balkone und den Himmel. Sollte ein Wagen einem andern vorfahren, dann preßten sich die Pferde aneinander und das Riemenzeug hieng baumelnd. Die Tiere rissen an der Deichsel, der Wagen rollte eilig schaukelnd, bis der Bogen um den vordern Wagen vollendet war und die Pferde wieder auseinander traten, nur die schmalen ruhigen Köpfe einander zugeneigt.

Einige Leute kamen rasch auf das Hausthor zu, auf dem trockenen Mosaik blieben sie stehn, wandten sich langsam um. Und schauten dann in den Regen der eingezwängt in diese enge Gasse verworren fiel.

Raban fühlte sich müde. Seine Lippen waren so blaß wie das ausgebleichte Roth seiner dicken Kravatte, die ein maurisches Muster zeigte. Die Dame bei dem Thürstein drüben sah jetzt auf ihn. Sie that es gleichgültig und außerdem sah sie vielleicht nur auf den Regenfall vor ihm oder auf die kleinen Firmaschildchen, die über seinem Haar an der Thür befestigt waren. Raban glaubte sie schaue verwundert. »Also«, dachte er, wenn ich es ihr erzählen könnte würde sie gar nicht staunen. Man arbeitet so übertrieben im Amt, daß man dann sogar zu müde ist, um seine Ferien gut zu genießen. Aber durch alle Arbeit erlangt man noch keinen Anspruch darauf, von allen mit Liebe behandelt zu werden, vielmehr ist man allen gänzlich fremd. Und solange Du »man« sagst an Stelle von »ich«, ist es nichts und man kann diese Geschichte aufsagen, sobald Du aber Dir eingestehst daß Du selbst es bist, dann wirst Du förmlich durchbohrt und bist entsetzt.

Er stellte den mit gewürfeltem Tuch benähten Handkoffer nieder und beugte dabei die Knie ein. Schon rann das Regenwasser an der Kante der Fahrbahn in Streifen, die sich zu den tiefer gelegenen Kanälen fast spannten.

Wenn ich aber selbst unterscheide zwischen »man« und »ich«, wie darf ich mich dann über die andern beklagen. Sie sind wahrscheinlich nicht ungerecht, aber ich bin zu müde um alles einzusehn. Ich bin sogar zu müde, um ohne Anstrengung den Weg zum Bahnhof zu gehn, der doch kurz ist. Warum bleibe ich also diese kleinen Ferien über nicht in der Stadt, um mich zu erholen. Ich bin doch unvernünftig. – Diese Reise wird mich krank machen, ich weiß es wohl. Mein Zimmer wird nicht genügend bequem sein, das ist auf dem Land nicht anders möglich. Kaum sind wir auch in der ersten Hälfte des Juni, die Luft auf dem Lande ist oft noch sehr kühl. Zwar bin ich vorsichtig gekleidet, aber ich werde mich selbst Leuten anschließen müssen, die spät am Abend spazieren. Es sind dort Teiche, man wird entlang der Teiche spazieren gehn. Da werde ich mich sicher erkälten. Dagegen werde ich mich bei den Gesprächen wenig hervorthun. Ich werde den Teich nicht mit andern Teichen in einem entfernten

Land vergleichen können, denn ich bin nie gereist und um vom Mond zu reden und Seligkeit zu empfinden und schwärmend auf Schutthaufen zu steigen, dazu bin ich doch zu alt, um nicht ausgelacht zu werden.

Die Leute giengen mit etwas tief gehaltenen Köpfen vorüber, über denen sie lose die dunklen Schirme trugen. Ein Lastwagen fuhr auch vorüber, auf dessen mit Stroh gefülltem Kutschersitz ein Mann so nachlässig die Beine streckte, daß ein Fuß fast die Erde berührte, während der andere gut auf Stroh und Fetzen lag. Es sah aus, als sitze er bei schönem Wetter in einem Felde. Doch hielt er aufmerksam die Zügel, daß sich der Wagen, auf dem Eisenstangen an einander schlugen, gut durch das Gedränge drehte. Auf der Erde sah man in der Nässe den Widerschein des Eisens von Steinreihen zu Steinreihen in Windungen und langsam gleiten. Der kleine Junge bei der Dame gegenüber war gekleidet wie ein alter Weinbauer. Sein faltiges Kleid machte unten einen großen Kreis und war nur fast schon unter den Achseln von einem Lederriemen umfaßt. Seine halbkugelige Mütze reichte bis zu den Brauen und ließ von der Spitze aus eine Quaste bis zum linken Ohr hinunterhängen. Der Regen freute ihn. Er lief aus dem Thor und schaute mit offenen Augen zum Himmel, um mehr Regen abzufangen. Er sprang oft hoch, so daß das Wasser viel spritzte und Vorübergehende ihn sehr tadelten. Da rief ihn die Dame und hielt ihn fortan mit der Hand; doch weinte er nicht.

Raban erschrak da. War es nicht schon spät? Da er Überzieher und Rock offen trug, griff er rasch nach seiner Uhr. Sie gieng nicht. Verdrießlich fragte er einen Nachbarn, der ein wenig tiefer im Flur stand, nach der Zeit. Der führte ein Gespräch und noch in dem Gelächter das dazu gehörte sagte er: »Bitte, vier Uhr vorüber« und wandte sich ab.

Raban spannte schnell sein Schirmtuch auf und nahm seinen Koffer in die Hand. Als er aber auf die Straße treten wollte, wurde ihm der Weg versperrt durch einige eilende Frauen, die er also noch vorüberließ. Er sah dabei auf den Hut eines kleinen

Mädchens nieder, der aus rothgefärbtem Stroh geflochten auf dem gewellten Rande ein grünes Kränzchen trug.

Noch hatte er es in der Erinnerung, als er schon auf der Straße war, die ein wenig anstieg in der Richtung in die er gehen wollte. Dann vergaß er es, denn er mußte sich jetzt ein wenig bemühn; das Köfferchen war ihm nicht leicht und der Wind blies ihm ganz entgegen, machte den Rock wehen und drückte die Schirmdrähte vorne ein.

Er mußte tiefer athmen; eine Uhr auf einem nahen Platz schlug ein viertel auf fünf in der Tiefe; er sah unter dem Schirm die leichten kurzen Schritte der Leute, die ihm entgegen kamen, gebremste Wagenräder knirschten, sich langsamer drehend, die Pferde streckten ihre dünnen Vorderbeine gewagt wie Gemsen im Gebirge.

Da schien es Raban, er werde auch noch die lange schlimme Zeit der nächsten vierzehn Tage überstehn. Denn es sind nur vierzehn Tage, also eine begrenzte Zeit und wenn auch die Ärgernisse immer größer werden, so vermindert sich doch die Zeit, während welcher man sie ertragen muß. Dafür wächst der Muth ohne Zweifel. Alle die mich quälen wollen und die jetzt den ganzen Raum um mich besetzt haben, werden ganz allmählich durch den gütigen Ablauf dieser Tage zurückgedrängt, ohne daß ich ihnen auch nur im geringsten helfen müßte. Und ich kann, wie es sich als natürlich ergeben wird, schwach und still sein und alles mit mir ausführen lassen und doch muß alles gut werden nur durch die verfließenden Tage.

Und überdies kann ich es nicht machen, wie ich es immer als Kind bei gefährlichen Geschäften machte. Ich brauche nicht einmal selbst aufs Land fahren, das ist nicht nöthig. Ich schicke meinen angekleideten Körper nur. Also ich schicke diesen angekleideten Körper. Wankt er zur Thür meines Zimmers hinaus, so zeigt das Wanken nicht Furcht sondern seine Nichtigkeit. Es ist auch nicht Aufregung, wenn er über die Treppen stolpert, wenn er schluchzend aufs Land fährt und weinend dort sein Nachtmahl ißt. Denn ich, ich liege inzwischen in meinem Bett, glatt zugedeckt mit gelbbrauner Decke, ausgesetzt der Luft, die durch das wenig geöffnete Fenster weht.

Ich habe wie ich im Bett liege die Gestalt eines großen Käfers, eines Hirschkäfers oder eines Maikäfers glaube ich.

Vor einer Auslage, in der auf Stäbchen kleine Herrenhüte hinter einer nassen gläsernen Scheibe hiengen, blieb er stehn und schaute, die Lippen gespitzt, in sie. Nun, mein Hut wird für die Ferien noch reichen, dachte er und gieng weiter, und wenn mich niemand meines Hutes halber leiden kann, dann ist es desto besser.

Eines Käfers große Gestalt, ja. Ich stellte es dann so an als handle es sich um einen Winterschlaf und ich preßte meine Beinchen an meinen gebauchten Leib. Und ich lisple eine kleine Zahl Worte, das sind Anordnungen an meinen traurigen Körper, der knapp bei mir steht und gebeugt ist. Bald bin ich fertig, er verbeugt sich, er geht flüchtig und alles wird er aufs beste vollführen, während ich ruhe.

Die Verwandlung

Als Gregor Samsa eines Morgens aus unruhigen Träumen erwachte, fand er sich in seinem Bett zu einem ungeheueren Ungeziefer verwandelt. Er lag auf seinem panzerartig harten Rücken und sah, wenn er den Kopf ein wenig hob, seinen gewölbten, braunen, von bogenförmigen Versteifungen geteilten Bauch, auf dessen Höhe sich die Bettdecke, zum gänzlichen Niedergleiten bereit, kaum noch erhalten konnte. Seine vielen, im Vergleich zu seinem sonstigen Umfang kläglich dünnen Beine flimmerten ihm hilflos vor den Augen.

»Was ist mit mir geschehen?« dachte er. Es war kein Traum. Sein Zimmer, ein richtiges, nur etwas zu kleines Menschenzimmer, lag ruhig zwischen den vier wohlbekannten Wänden. Über dem Tisch, auf dem eine auseinandergepackte Musterkollektion von Tuchwaren ausgebreitet war – Samsa war Reisender –, hing das Bild, das er vor kurzem aus einer illustrierten Zeitschrift ausgeschnitten und in einem hübschen, vergoldeten Rahmen untergebracht hatte. Es stellte eine Dame dar, die, mit einem Pelzhut und einer Pelzboa versehen, aufrecht dasaß und einen schweren Pelzmuff, in dem ihr ganzer Unterarm verschwunden war, dem Beschauer entgegenhob.

Gregors Blick richtete sich dann zum Fenster, und das trübe Wetter – man hörte Regentropfen auf das Fensterblech aufschlagen – machte ihn ganz melancholisch. »Wie wäre es, wenn ich noch ein wenig weiterschliefe und alle Narrheiten vergäße«, dachte er, aber das war gänzlich undurchführbar, denn er war gewöhnt, auf der rechten Seite zu schlafen, konnte sich aber in seinem gegenwärtigen Zustand nicht in diese Lage bringen. Mit welcher Kraft er sich auch auf die rechte Seite warf, immer wieder schaukelte er in die Rückenlage zurück. Er versuchte es wohl hundertmal, schloß die Augen, um die zappelnden Beine nicht sehen zu müssen, und ließ erst ab, als er in der Seite einen noch nie gefühlten, leichten, dumpfen Schmerz zu fühlen begann.

»Ach Gott«, dachte er, »was für einen anstrengenden Beruf habe ich gewählt! Tag aus, Tag ein auf der Reise. Die geschäftlichen Aufregungen sind viel größer, als im eigentlichen Geschäft zu Hause, und außerdem ist mir noch diese Plage des Reisens auferlegt, die Sorgen um die Zuganschlüsse, das unregelmäßige, schlechte Essen, ein immer wechselnder, nie andauernder, nie herzlich werdender menschlicher Verkehr. Der Teufel soll das alles holen!« Er fühlte ein leichtes Jucken oben auf dem Bauch; schob sich auf dem Rücken langsam näher zum Bettpfosten, um den Kopf besser heben zu können; fand die juckende Stelle, die mit lauter kleinen weißen Pünktchen besetzt war, die er nicht zu beurteilen verstand; und wollte mit einem Bein die Stelle betasten, zog es aber gleich zurück, denn bei der Berührung umwehten ihn Kälteschauer.

Er glitt wieder in seine frühere Lage zurück. »Dies frühzeitige Aufstehen«, dachte er, »macht einen ganz blödsinnig. Der Mensch muß seinen Schlaf haben. Andere Reisende leben wie Haremsfrauen. Wenn ich zum Beispiel im Laufe des Vormittags ins Gasthaus zurückgehe, um die erlangten Aufträge zu überschreiben, sitzen diese Herren erst beim Frühstück. Das sollte ich bei meinem Chef versuchen; ich würde auf der Stelle hinausfliegen. Wer weiß übrigens, ob das nicht sehr gut für mich wäre. Wenn ich mich nicht wegen meiner Eltern zurückhielte, ich hätte längst gekündigt, ich wäre vor den Chef hin getreten und hätte ihm meine Meinung von Grund des Herzens aus gesagt. Vom Pult hätte er fallen müssen! Es ist auch eine sonderbare Art, sich auf das Pult zu setzen und von der Höhe herab mit dem Angestellten zu reden, der überdies wegen der Schwerhörigkeit des Chefs ganz nahe herantreten muß. Nun, die Hoffnung ist noch nicht gänzlich aufgegeben; habe ich einmal das Geld beisammen, um die Schuld der Eltern an ihn abzuzahlen – es dürfte noch fünf bis sechs Jahre dauern –, mache ich die Sache unbedingt. Dann wird der große Schnitt gemacht. Vorläufig allerdings muß ich aufstehen, denn mein Zug fährt um fünf.«

Und er sah zur Weckuhr hinüber, die auf dem Kasten tickte.

»Himmlischer Vater!« dachte er. Es war halb sieben Uhr, und die Zeiger gingen ruhig vorwärts, es war sogar halb vorüber, es näherte sich schon dreiviertel. Sollte der Wecker nicht geläutet haben? Man sah vom Bett aus, daß er auf vier Uhr richtig eingestellt war; gewiß hatte er auch geläutet. Ja, aber war es möglich, dieses möbelerschütternde Läuten ruhig zu verschlafen? Nun, ruhig hatte er ja nicht geschlafen, aber wahrscheinlich desto fester. Was aber sollte er jetzt tun? Der nächste Zug ging um sieben Uhr; um den einzuholen, hätte er sich unsinnig beeilen müssen, und die Kollektion war noch nicht eingepackt, und er selbst fühlte sich durchaus nicht besonders frisch und beweglich. Und selbst wenn er den Zug einholte, ein Donnerwetter des Chefs war nicht zu vermeiden, denn der Geschäftsdiener hatte beim Fünfuhrzug gewartet und die Meldung von seiner Versäumnis längst erstattet. Es war eine Kreatur des Chefs, ohne Rückgrat und Verstand. Wie nun, wenn er sich krank meldete? Das wäre aber äußerst peinlich und verdächtig, denn Gregor war während seines fünfjährigen Dienstes noch nicht einmal krank gewesen. Gewiß würde der Chef mit dem Krankenkassenarzt kommen, würde den Eltern wegen des faulen Sohnes Vorwürfe machen und alle Einwände durch den Hinweis auf den Krankenkassenarzt abschneiden, für den es ja überhaupt nur ganz gesunde, aber arbeitsscheue Menschen gibt. Und hätte er übrigens in diesem Falle so ganz unrecht? Gregor fühlte sich tatsächlich, abgesehen von einer nach dem langen Schlaf wirklich überflüssigen Schläfrigkeit, ganz wohl und hatte sogar einen besonders kräftigen Hunger.

Nachweise

Der vorliegenden Auswahl liegen folgende Ausgaben zugrunde:

Franz Kafka: Gesammelte Werke in zwölf Bänden. Nach der Kritischen Ausgabe herausgegeben von Hans-Gerd Koch. Frankfurt am Main: Fischer Taschenbuch Verlag, 2008 [= GW].

Franz Kafka: Briefe 1900–1912. Kritische Ausgabe. Hrsg. v. Hans-Gerd Koch. Frankfurt am Main: S. Fischer, 1999 [= KA/Briefe 1900–1912].

Franz Kafka: Briefe 1902–1924. Hrsg. v. Max Brod. Frankfurt am Main: S. Fischer, 1966 [= Br].

Franz Kafka: Briefe an Felice und andere Korrespondenz aus der Verlobungszeit. Hrsg. v. Erich Heller und Jürgen Born. Frankfurt am Main: Fischer Taschenbuch Verlag, 2009 [= Briefe an Felice]

Franz Kafka: Briefe an Milena. Erweiterte Neuausgabe. Hrsg. v. Jürgen Born und Michael Müller. Frankfurt am Main: S. Fischer, 1983 [= Briefe an Milena].

Franz Kafka: Briefe an Ottla und die Familie. Hrsg. v. Hartmut Binder und Klaus Wagenbach. Frankfurt am Main: S. Fischer, 1974 [= Briefe an Ottla].

Max Brod / Franz Kafka: Eine Freundschaft. Reiseaufzeichnungen. Hrsg. unter Mitarbeit von Hannelore Rodlauer von Malcolm Pasley. Frankfurt am Main: S. Fischer, 1987 [= Brod/Kafka].

»Reisender werden«
Vom Reisen und Unterwegssein

»Weg-von-hier«. Aus: GW, Bd. 8: Das Ehepaar und andere Schriften aus dem Nachlaß, S. 11.
»Reisebeobachtungen«. Aus: GW, Bd. 9: Tagebücher 1909–1912, S. 36f.
»Reisender werden«. Aus: GW, Bd. 11: Tagebücher 1914–1923, S. 146 (31. Juli 1917).
Der Ausflug ins Gebirge. Aus: GW, Bd. 1: Ein Landarzt und andere Drucke zu Lebzeiten, S. 21.
Die Reise. Aus: GW, Bd. 8: Das Ehepaar und andere Schriften aus dem Nachlaß, S. 141f.
Jäger Gracchus. Aus: GW, Bd. 6: Beim Bau der chinesischen Mauer und andere Schriften aus dem Nachlaß S. 40–43.
Das Schloß. Aus: GW, Bd. 4, S. 16–27.

»Ich sprang durch die Gassen wie ein betrunkener Läufer«
Unterwegs in Prag

An Oskar Pollak (20. Dezember 1902). Aus: KA/Briefe 1900–1912, S. 17.
Der plötzliche Spaziergang. Aus: GW, Bd. 1: Ein Landarzt und andere Drucke zu Lebzeiten, S. 19f.
Der Fahrgast. Aus: GW, Bd. 1: Ein Landarzt und andere Drucke zu Lebzeiten, S. 26f.
Beschreibung eines Kampfes. Aus: GW, Bd. 5: Beschreibung eines Kampfes und andere Schriften aus dem Nachlaß, S. 49–60.
Unterwegs in Prag*. Aus: GW, Bd. 8: Das Ehepaar und andere Schriften aus dem Nachlaß, S. 153f.
Der Proceß. Aus: GW, Bd. 3, S. 236–241.

»Wenn einer durch die Welt fliegt mit Siebenmeilenstiefeln«
Erste Reisen (1902–1908)

An Oskar Pollak (am oder vor dem 12. August 1902). Aus: KA/Briefe 1900–1912, S. 12.
An Oskar Pollak (Ende August/Anfang September 1902). Aus: KA/Briefe 1900–1912, S. 16.
An Paul Kisch (26. November 1903). Aus: KA/Briefe 1900–1912, S. 31.
An Max Brod (23. August 1905). Aus: KA/Briefe 1900–1912, S. 43.
An Max Brod (Mitte August 1907). Aus: KA/Briefe 1900–1912, S. 52–55.
An Max Brod (18. Juli 1908). Aus: KA/Briefe 1900–1912, S. 86.
An Max Brod (29./30. Juli 1908). Aus: KA/Briefe 1900–1912, S. 86.
An Max Brod (2. September 1908). KA/Briefe 1900–1912, S. 87.

»... mit uns aber geht es endgültig tiefer in die Campagna«
Reisen in die Schweiz und nach Italien (1909–1911)

An die Arbeiter-Unfall-Versicherungs-Anstalt (19. August 1909). Aus: KA/Briefe 1900–1912, S. 109.
An Ottla Kafka (7. September 1909). Aus: KA/Briefe 1900–1912, S. 111.
Die Aeroplane in Brescia. Aus: GW, Bd. 1: Ein Landarzt und andere Drucke zu Lebzeiten, S. 312–320.
Aus den Reisetagebüchern [August/September 1911]. Aus: GW, Bd. 12: Reisetagebücher, S. 22–43.

Exkurs: Reise-Literatur

Das Buchprojekt »Billig«*. Aus: Brod/Kafka, S. 189–192.
»Album der städtischen Sehenswürdigkeiten«. Aus: GW, Bd. 3: Der Proceß, S. 222f.
Erstes Kapitel des Buches »Richard und Samuel«. Aus: Brod/Kafka, S. 193–208.

Die »Ruhe des Blickes«
Die Friedland-Reise (Januar/Februar 1911)

Aus den Reisetagebüchern [Januar/Februar 1911]. Aus: GW, Bd. 12: Reisetagebücher, S. 21.

»Die straffe Fahrt der Automobile«
Kafka in Paris (September 1911)

Aus den Reisetagebüchern [September 1911]. Aus: GW, Bd. 12: Reisetagebücher, S. 43–78.

»Trauriger an tote Großväter erinnernder Anblick«
Auf Goethes und Schillers Spuren: Weimar (Juni/Juli 1912)

Aus den Reisetagebüchern [Juni/Juli 1912]. Aus: GW, Bd. 12: Reisetagebücher, S. 83–108.

»Keine Karte von Berlin aufzutreiben«
Berliner Umzugspläne (1914/1923)

Vorteile Berlins*. Aus: GW, Bd. 10: Tagebücher 1912–1914, S. 137f.
Berlin, hin und zurück*. Aus: GW, Bd. 10: Tagebücher 1912–1914, S. 142f.; 150–154.
»Keine Karte von Berlin aufzutreiben«. Aus: GW, Bd. 10: Tagebücher 1912–1914, S. 234.
An Milena Jesenská (Oktober 1923). Aus: Briefe an Milena, S. 319f.
An Max Brod (8. Oktober 1923). Aus: Br, S. 449.
An Felix Weltsch (9. Oktober 1923). Aus: Br, S. 450f.
An Max Brod (16. Oktober 1923). Aus: Br, S. 451
An Ottla David (4. Oktoberwoche 1923). Aus: Briefe an Ottla, S. 143–146.
An Max Brod (2. November 1923). Aus: Br, S. 460f.

»Verdammte böse tropische Luft«
Der Süden und Übersee

An Felice Bauer (20. September 1912). Aus: Briefe an Felice, S. 43f.
An Felice Bauer (13. Juli 1913). Aus: Briefe an Felice, S. 426f.
»Verdammte böse tropische Luft«. Aus: GW, Bd. 11: Tagebücher 1914–1923, S. 153.
»Das Wesen des Wüstenwegs«. Aus: GW, Bd. 11: Tagebücher 1914–1923, S. 190.
»Buschleben«. Aus: GW, Bd. 11: Tagebücher 1914–1923, S. 224.
Schakale und Araber. Aus: GW, Bd. 1: Ein Landarzt und andere Drucke zu Lebzeiten, S. 213–217.
An Else Bergmann (Juli 1923). Aus: Br, S. 436–438.
Der Verschollene. Aus: GW, Bd. 2, S. 9–14; 318.

»Denn ich, ich liege inzwischen in meinem Bett«
Reisemüdigkeit und Reiseangst

An Max Brod (5. Juli 1922). Aus: Br, S. 382–387.
Hochzeitsvorbereitungen auf dem Lande. Aus: GW, Bd. 5: Beschreibung eines Kampfes und andere Schriften aus dem Nachlaß,
S. 14–18.
Die Verwandlung. Aus: GW, Bd. 1: Ein Landarzt und andere Drucke zu Lebzeiten, S. 93–96.

Mit * gekennzeichnete Titel stammen vom Herausgeber.

Franz Kafka

Das Urteil

Die Verwandlung

Originalfassung

Band 90020

Normaler Versicherungsangestellter im Leben, hat Franz Kafka ein eigenwilliges Werk voll grotesker Begebenheiten hinterlassen: eine faszinierende Widersprüchlichkeit. Ein Angestellter verwandelt sich in einen Käfer, ein Sohn geht auf die rätselhafte Prophetie seines Vaters hin ins Wasser. Irrwitzig, rätselhaft, doch mit überzeugender Plausibilität erzählt Kafka vom Kampf des Menschen gegen eine verborgene Übermacht.

Fischer Taschenbuch Verlag

fi 90020 / 1

Nikolai Gogol

Die toten Seelen

Band 90084

Auf so eine zynische Idee muss man erst mal kommen: Ein ehemaliger Zolleinnehmer reist durch die russische Provinz und kauft mehreren Gutsbesitzern verstorbene Leibeigene ab, weil diese noch beim Finanzamt eingetragen sind und deshalb als Pfandobjekte an Kreditinstitute verkauft werden können. Auch wenn man sich im Zeitalter der Globalisierung längst an solche Formen des Zynismus gewöhnt hat – Gogols groteske Kritik am kaltblütigen Gewinnstreben hat nichts von ihrer Schärfe verloren.

Fischer Taschenbuch Verlag

fi 90084 / 1

Nikolai Gogol
Petersburger Erzählungen
Band 90164

Mit leidenschaftlicher Hingabe spart sich ein Petersburger Büroschreiber das Geld für einen ›Mantel‹ vom Mund ab. Als der ihm geraubt wird, geht er zugrunde, holt sich allerdings als Geist den Mantel eines Vorgesetzten. Kollegienassessor Kowaljow verliert seine ›Nase‹, trifft sie in Uniform an – und als er sie wiedererlangt, scheint sie nicht mehr ins Gesicht zu passen. Gogols groteske Erzählungen attackieren den trügerischen Schein einer unmenschlichen Konsumwelt. So spazieren auf der Luxusmeile ›Newskij-Prospekt‹ die Backenbärte, »die aber ach! nur dem Auswärtigen Amt zustehen«, fast losgelöst vom eigentlichen Menschen.

Inhalt: ›Die Nase‹, ›Der Mantel‹, ›Der Newskij-Prospekt‹ und andere.

Fischer Taschenbuch Verlag

fi 90164 / 1

Eugène Ionesco
Die Nashörner
Drama
Übersetzt von Claus Bremer
und H.R. Stauffacher
Band 90224

In diesem Meisterwerk des absurden Theaters verwandeln sich die Bewohner einer ganzen Stadt – von einer Ausnahme abgesehen – in eine Horde schnaubender, mörderischer Nashörner. Ionescos Stück über die Verwandlung der Menschen in dickhäutige Herdentiere ist eine der eindringlichsten Parabeln der modernen Literatur: Sie beschreibt die Ausbreitung von Fanatismus und Barbarei als alltäglichen Prozess, bei dem am Ende alles Menschliche als »abnorm« gilt.

Fischer Taschenbuch Verlag

fi 90224 / 1

Wilhelm Busch

Das große Lesebuch

Band 90050

»Ach, was muß man oft von bösen
Kindern hören oder lesen !!
Wie zum Beispiel hier von diesen,
Welche Max und Moritz hießen.«

Diese Lausbuben sind in jedem Kinderzimmer zuhause. Wo sie hinkommen, richten sie Unheil an. Witwe Bolte, Lehrer Lämpel, Schneider Böck – »Wieder tönt es:

›Meck, meck, meck!‹
Plums! Da ist der Schneider weg!«

Und niemand kommt ungestraft davon, wenn es heißt:

»Dieses war der erste Streich …«

Das gesamte Programm von Fischer Klassik
finden Sie unter:
www.fischer-klassik.de

Fischer Taschenbuch Verlag

fi 90050 / 1